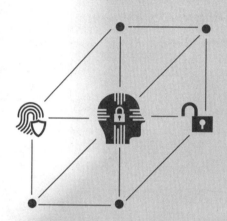

智媒时代的
隐私悖论

THE PRIVACY PARADOX
IN THE ERA OF
INTELLIGENT MEDIA

王飔濛｜著

中国广播影视出版社

序言

　　1962年，当加拿大著名传播学家麦克卢汉在《理解媒介：论人的延伸》一书中首次提出"地球村"的概念时，人们只是将其视作一个有创新意义的学术构想。几十年以后，当互联网将天南海北的人联结在一起，并借助智能移动终端即时进行声情并茂的交流互动时，曾经的学术概念已经变成了现代人的一种生活日常。万物皆媒、人机合一的智媒趋势已经并将继续深刻地改变现代人的生活方式。几乎无所不能的智能媒介给现代带来了极大的便捷，是数字化社会中的现代人收获的巨大的科技进步的红利。与此同时，智能媒介也给现代的生活带来了极大的侵扰，尤其给现代人视若瑰宝的隐私带来了侵扰。智能媒介已经深深嵌入现代人的生活、工作、社交等几乎所有的活动之中，人们无法离开以手机为标志物的智能媒介,并心甘情愿地享受着"美好的"数字化生活。而指纹录入、人脸识别、活动监控、数据控制与手段的普遍应用,则不断加剧着人们隐私泄露的焦虑。隐私悖论,正在成为人们普遍关注的焦点话题。

本书讨论的正是智媒时代的隐私悖论问题。现代人普遍知晓智能媒介的隐私风险,担忧隐私泄露及可能的危害,却又无法停止借助智媒进行的隐私披露行为,在保护与分享之间存在着严重的矛盾心理。事实上,智媒时代的隐私悖论反映了一种结构性失衡:快速发展的技术与不完备的规则。具体到信息传播领域,这种失衡表现为信息集结平台在底层的算法逻辑中未能将隐私主体的利益更优地纳入考虑,同时对媒介运营、信息储存与利用机制的监管不足,造成用户媒介使用中的隐私安全问题。近年来关于公民隐私问题的讨论是学界的热点,随着大数据和人工智能技术广泛应用于信息传播业,部分研究者将目光转向隐私主体的态度与选择。面对算法平台的全面监视,讨论隐私主体的选择是否有意义,王飓濛同学就是这个问题的关注者之一。从2016年开始,她敏感地关注到了监控对公民隐私的影响,并随之涉及当时研究者尚少的隐私悖论问题。但是,由于隐私悖论问题的研究可参考的文献相对较少,而涉及的背景和影响因素又比较复杂,她其间有过纠结,担心自己的研究是否可以深入下去。在我的鼓励下,几年来她持续关注这一问题并时有新的发现,同时因此也就有了汇集这个阶段成果的这部专著。

全书主题明确,聚焦隐私悖论问题,而论述过程逻辑合理,层次清晰:第一章对隐私与隐私悖论的概念进行梳理,第二、三、四、五章分别从隐私的边界、集体窥视的隐私文化、社会治理中的监控、个人数据的商业利用四个维度对智媒时代的隐私悖论问题进行阐述。第二章从社会关系的边界切入，论述了智媒打破了个人隐私管理的原有格局，增加隐私泄露的风险。隐私利益影响着隐私边界，隐私分享的程度代表了关系的远近。第三章展示了私人生活交往的一个新的阶段——集体展示与窥视。智媒将含有隐私信息的内容收集、传送给每个有接收装置的受众，表露与窥视成为大众共同参与的行为。隐私分享给受众想象和发挥的空间，凸显表象之下的深层渴望。第四章阐述了社会治理中的隐私问题。监控的普及来自社会治理和公共利益的迫切需要，但是监控在维护社会秩序的同时，也带了一些问题：监控的滥用会威胁公民的隐私权；公共空间与私人空间的界限混淆不清而导致隐私保护的边界困境；跨平台的数据融合使人们的隐私安全面临更大的风险。第五章探讨个人数据的商业化利用中存在的问题。智媒看似为用户提供了"免费的午餐"，实则是在媒介使用中大量收集用户数据，从而进行以盈利为目的的数据分享颠覆了传统的客商关系、政商关系，加剧了国家、商业组织、用户个体三者的博弈。全书选择隐私悖论问题为研究主题，在阐述中关注隐私悖论背后的社会现象与大众心理，体现了作者较为宽阔的学术视野。

2016年王飚濛同学来到我校读研并加入我的团队，2019年进入博士阶段的学习。以我的两个国家社科基金重点项目"大数据时代的隐私权问题研究"和"人工智能时代的公民隐私保护研究"作为研究中心，并从中寻找小的切入点主持了相关的江苏省研究生科研创新计划，对公民隐私问题有着较为持续而深入的思考。王飚濛同学对学术有浓厚的兴趣，善于发现问题并持续进行研究，体现了一个博士研究生应有的发现问题、研究问题的能力。我曾与她合作探讨过关于视频监控与隐私保护的文章，刊于《现代传播》。同时，她关于"数字遗产""隐私与窥视"问题研究的论文，也在《中国社会科学报》和《传媒观察》杂志发表，体现了其良好的学术研究潜力。如今，王飔濛同学已经进入博士三年级，这本书是对她过去几年学习思考的小结，也是未来研究的基础。祝愿王飔濛同学在未来的岁月里，能继续保持温良纯正的性格，潜心学术，勤于思考，用不懈努力，开始自己的美好人生。

是为序。

顾理平

中国新闻史学会媒介法规与伦理专业委员会会长

南京师范大学新闻与传播学院教授、博士生导师

目 录
CONTENTS

117 | 第四章
监控与遮蔽：社会治理与隐私保护

Chapter 1

隐私与隐私悖论

高度发达的物质文明令现代人在享受美好物质生活的同时，更注重精神世界的愉悦体验。人们追求内心的安宁，享受自我独处的空间，刻意与纷繁复杂的世界保持距离。长期以来，作为人格权的一个重要组成部分，隐私权对个人和社会的健康发展都有重要意义。社会由单个的个人组成，离开了个人，则没有完整的社会，离开了社会，个人无法生活。保护个人独处的空间，能为身处压力中的现代人提供安全感。物质文明与精神文明相互依赖、促进，共同推动社会进程。在物质文明发达的时代，传播媒介深度介入现代生活，人们对精神文明的追求更迫切，在个人的基本权利得到尊重的基础上，安宁、自由的环境为社会发展提供充足动力。

隐私是一个横跨法学、心理学及社会学等多学科领域的综合性概念，学术界已有针对其定义及内涵的丰富研究成果。早期的隐私研究以法律视角为主，隐私被定义为一种"独处的权利"。随着人类在政治、经济、文化、生活等各领域活动范畴的扩大，隐私权被更为广义地视为自然人保护其个人利益，如与个人尊严、个人自主或个人自由有关的一项权利。隐私的范围具有开放性，伴随技术进步，媒介深度嵌入现代生活，公民的隐私内涵出现了新变化，一些新的隐私利益进入研究者的视野，一个显著的特征是公民的隐私开始信息化、网络化、财产化，学界更加注重从新技术驱动的实践中形成伦理与价值规范，以更加系统、全面的视角研究隐私问题，出现了大量关于隐私的交叉学科研究，数据隐私、隐私悖论等议题成为学界讨论的热点。人工智能技术下的信息获取深入现代生活，视频监控、指纹打卡、人脸识别机器遍布大街小巷。出行、住宿和商业活动等都需要实名登记个人信息，却少有人觉得不妥当，这是因为智媒时代的信息收集与利用已经常态化。智能机器人对隐私的威胁不仅在于收集的信息内容，更在于机器人难以限制的深度学习能力，与当下难以管控的算法运行机制。在自由享受智能技术提供的诸多生活便利的同时，人们的隐私变得无处安放。

传播技术的进步令人们的隐私被隐私主体之外的组织和个人以数据的形式广泛收集，并被以智能化的方式整合、分析和使用，隐私主体也习惯于由此而获得便捷等益处。与此同时，对这些数据的频频滥用也会令主体权利受损。保护与使用间形成的隐私悖论，正在成为数字化生存中的人所面临的一个巨大困惑。

第一节　隐私及其概念界定

隐私的诞生有着漫长的历史。人类出现之初，赤身裸体的人饮血茹毛与自然界中的各种危险抗争，在那样的时期，很难想象有隐私的存在。随着人类自我意识的不断觉醒，隐私开始萌芽。古希腊城邦时期，公共领域和私人领域的划分就已经出现。公私领域划分引领着人们关注公共权力，也培养了公民精神，对后世产生深刻的影响。朴素的隐私意识根源于远古时代的社会生活，《圣经》中记载了关于羞耻意识的故事，在创世纪初始，亚当和夏娃在蛇的诱惑下偷吃了禁果，明亮了眼睛才知道自己是赤身裸体，萌生了羞耻感，便拿树叶编织裙子遮盖身体的隐私部位，这是羞耻心的起源。随着社会发展，"知羞耻"成为约定俗成的习惯。羞耻心对隐私意识的形成至关重要，"耻"作为八德之一，是儒家学说中一个非常重要的道德标准。孟子论述的"羞恶之心"就是羞耻心，源自人们内心的自我认知，目的是保护自己和家人，表现为约束个人行为。隐私意识根源于个体的独立意识和对自由的渴望，羞耻感是这种渴望的外在表现。封建社会的隐私观念有所发展，除了身体隐私外，人们也希望保护自己的私人空间和私人生活秘密。"京兆眉妩"用以称女子眉样美好，这个成语背后的故事与隐私观念有关。据《汉书·张敞传》记载，京兆张敞"为妇画眉，长安中传张京兆眉妩。有司以奏敞。上问之，对曰：'臣闻闺房之内、夫妇之私，有过于画眉者。'上爱其能，弗备责也"。可见在封建社会，私人生活、夫妻间的私事是人伦之本，受到尊重和保护。但是，当时隐私观念也是封建等级制度的产物，只有统治阶级拥有至高的权力，享有无限的隐私。以平等、自由为基点的真正意义上的隐私权始于19世纪末。

一、隐私权的起源

公与私的观念根植于东西方文化中，但是直至19世纪末，隐私才开始作为一种法律上的权利类型被关注和讨论。如果说，隐私的起源遥不可考，那么隐私权的起源却有着清晰可辨的印记。隐私权的概念首先由美国学者塞缪尔·沃伦和路易斯·布兰代斯于1890年在《隐私权》中提出，是隐私权理论研究的开端。[①]

---

① 张新宝：《隐私权的法律保护》，群众出版社1997年版，第28页。

隐私权的诞生和发展都与媒介技术进步休戚相关。19世纪的报纸除了宣传战争，也刊登八卦消息。得益于摄影技术的发展，跟踪偷拍者随时可见，信息成为明码实价的商品，记者甚至会闯入人们的家中，私人生活随时可能会被曝光。①1886年新闻记者对美国总统格列弗·克利夫兰夫妇的蜜月生活进行详细的跟踪报道，引起了克利夫兰的强烈不满，后来他在哈佛大学的演讲中痛斥这种行为违反了美国人的气度，摧残了私人生活。媒体对沃伦家私人宴会的偷拍报道是当时的另一个著名事件，也是沃伦和布兰代斯发表《隐私权》的导火索。《隐私权》提出了一种新的权利——隐私权，隐私权是一种保护个人不受打扰、独处的权利。《隐私权》引起了美国法学家对隐私权问题的关注，这篇文章影响深远，它对私人空间的关注，使得人们原有的对私密空间的渴求变得正当化。此后，美国法官通过多起判例认定隐私权为一项独立的权利。1903年，纽约立法机关制定了"有限隐私权"②"禁止利用个人实施商业宣传，通过法条回应了隐私权。"③威廉·L.普洛塞尔教授根据隐私侵权案件的判例，提出了隐私权的四种侵权类型：侵入隐私，盗用他人的姓名或肖像，公布他人的私人生活，公布他人的不实形象。"这一理论后来为《侵权行为法（第二次）重述》所采纳，美国至少二十八个州的法院明示或者默示地采纳了这一关于四种侵害隐私权的理论。""所有的州都承认以某些方式侵害他人隐私是侵权行为法的一个诉因。"④普洛塞尔教授提出的隐私权的四种侵权方式，为其后的隐私权理论研究提供了参照和范

---

① 张民安：《无形人格侵权责任研究》，北京大学出版社2012年版，第440页。
② [美]奥弗贝克：《媒介法原理》，北京大学出版社2011年版，第185页。
③ [美]唐·R.彭伯：《大众传媒法》，中国人民大学出版社2005年版，第236页。
④ 张新宝：《隐私权的法律保护》，群众出版社1997年版，第29页。

本。美国宪法第四修正案规定，保护公民的人身、住宅、文件和财产安全不受无理搜查与扣押的权利。[①]美国宪法第四修正案是对通用搜捕令的回应，在政府搜查之前应先判断是否合理，搜查令须有适当的限制，搜查不能超出搜查令所示的范围，并限制了参与搜查的人员。在Wilson v. Layne案中，法院判定警方无权带着记者和摄影师入户搜查，因为记者、摄影师与"警方入室搜查的正当性之间毫无关系"。美国宪法第四修正案暗含了对公民的私人生活空间的保护，限制了政府收集信息的权力，但是并没有明确提出保护公民隐私权的概念。

美国对隐私权的法律保护较为集中地体现在侵权行为法领域，这对美国的法律实践和媒介活动都产生了影响。隐私侵权行为分为四类：侵扰隐私、披露他人隐私信息、不当曝光和虚构、隐私的不当利用。[②]1974年《隐私法案》是美国最为重要的一部保护个人隐私的法案，该法案从隐私主体的权利、政府机关的义务、民事救济措施三个方面，对个人信息的收集、开放、利用等事项做出了较为详细的规定，以此规范联邦政府处理个人信息的行为，平衡隐私保护与信息利用之间的关系。20世纪七八十年代，出现了新的私人通信工具，情报收集和监听取证的手段也在进步，开始有普通人使用计算机。此时以法律的形式规制电子通讯的监听行为，对于隐私保护十分必要。1986年的《电子通讯隐私法》是一部从联邦层面上保护电子通讯隐私的法律，分"窃听法""存储通讯法""笔式记录法"三个部分规制通讯监听行为。这项法案主要是用来防止政府未经允许而监听私人的电子

---

① 刘思雨：《父母监视权与未成年人隐私权的冲突和协调——以儿童佩戴智能手表为视角》，上海师范大学人文与传播学院，2017年。

② [美]唐·R.彭伯：《大众传媒法》，中国人民大学出版社2005年版。

通讯，比如公民正在传送或者已经保存的电子邮件，至此电子通信保护也成为成文法的一部分。20世纪90年代，得益于网络的发展，网络从业者逐渐发现个人信息附带的商业价值，出现了多种形式的网络隐私侵权案件。为了收集个人信息，一些网站将视线投向缺乏隐私保护意识的儿童，甚至以奖品发放、卡通人物发问等方式诱导儿童填写自己和家人的信息，再将信息整合、分析来谋取利益，引发美国社会对儿童隐私保护的忧虑。1998年美国国会通过《儿童在线隐私保护法》，要求网络从业者要确实告知网站隐私政策，并且在获得其家长的同意后，才可收集13岁以下儿童的个人信息。该法案要求美国在线等多家网站删去不满13周岁的用户的个人信息。《儿童在线隐私保护法》旨在保护儿童的隐私免受商业网站侵犯，并通过美国在线家长监控系统对未成年人的网上活动进行了一些限制。美国对隐私权的保护，折射出媒介技术进步对现代社会的影响，也体现法律对媒介活动的规制。早期的隐私侵权案件中，最常见的是个人避免国家权力机构侵扰私生活的案件（如1928年奥姆斯特德诉美国案、1967年卡茨诉美国案），其次是媒体在私人场所或半公开场合以摄像机收集信息、披露个人私事而引发的案件。面对国家权力和媒介技术对个人隐私的威胁，人们希望拥有安宁生活的权利和独处的权利，隐私权的起源与发展得益于此。

英国法学界普遍认为，隐私是一种附属的价值，隐私权不具备法定权利的基本特征。在英国，法律对公民隐私的保护采取了一种较为保守的态度，将侵害隐私的案件纳入其他侵权行为的范畴（如侵犯他人住宅、财产，或诽谤他人名誉等）。1931年温费尔德提议，"对他人隐私的侵害"应该视为一种独立的民事侵权行为。1961年曼克诺夫特大法官提出《隐私权法案》，指出如果电影、广播和电视上传播了个人的生活细节，这个人有权请求伤害赔偿，除非被告能够证明这种传播是法律认可的"特权"所允许，或出自某种"合理的公共利益"。由于"合理的公共利益"概念难以应用，这个法案并未继续下去。[①]在成文法方面，1984英国颁布的《数据保护法》规定，在获取信息时不能使用欺骗的手段，获取个人信息前应先征得数据主体的同意；只有出于特定的合法的目的，才能持有个人数据；对个人数据的利用和透露不能与持有个人数据的目的相悖；为了防止个人数据未经许可而传播、透露或销毁，必须采取一些安全措施；如果未经数据主体的许可就透露个人数据，数据主体有权要求赔偿。《数据保护法》明确了个人数据的含义，并且以清晰的法律指导规范了个人数据保护，使个人数据保护从立法和司法的角度被提到了英国法律体系中的重要位置，英国的个人数据保护制度在保护隐私权方面发挥了作用。1998年英国出台了新的数据保护清单，在1984年的《数据保护法》的基础上调整了一些内容，具体规定了个人数据的处理者应遵循的操作规范。1998年新出台的《个人数据保护法》明晰了个人数据的所有权、特征、个人数据保护的基本原则等，改变了人们原本对个人数据的一些模糊的认知。比如，在一个家庭中，父母通过一些方法去获知子女的隐私，对此子女并不同意，因此父母与子女发生争吵。根据英国《个人数据保护法》的规定，个人数据为数据生成者所有，如果父母在未经许可的情况下获知子女的隐私，父母的行为侵犯了子女的隐私权。

---

① 转引自王立志：《英国刑法对隐私权的保护及其评析》，载《新疆财经大学学报》，2009年，第4期。

欧洲大陆和美国对隐私权的理解存在差异，美国将隐私视为个人自由的一个部分，而欧洲大陆将隐私视为个人尊严的一个部分。欧洲大陆隐私权的核心在于维护个人的肖像权、姓名权和名誉权。欧洲人重视尊严与荣誉，这根源于欧洲的礼节传统。在社会文化的影响下，欧洲大陆产生了与美国不同的隐私观念和法律传统，注重维持良好的公共形象。欧洲大陆的法律通过多种方式保护公众尊严，使其免受羞辱，而隐私是其中的一种方式。在欧洲人眼里，隐私权意味着公民有权控制个人信息的披露，维护个人肖像、姓名和名誉。1970法国修改《民法典》，增补后的《民法典》第9条为保护个人生活、私人财产提供了法律依据，规定"任何人有权使其个人生活不受侵犯""法官在不影响赔偿所受损害的情况下，得规定一切措施，诸如对有争议的财产保管、扣押以及专为防止或停止侵犯个人私生活的其他措施，在紧急情况下，法官得紧急下令采取以上措施"[①]。修改后的法国《民法典》将个人生活纳入其保护范围中，并规定法官要采取措施去防止或停止侵犯个人私生活。法国《民法典》的条款体现了对法官的信任，在法国隐私权的保护中，法官发挥了重要的作用。"判例成为和制定法几乎同等的法律渊源。最终只要判例是建立在法典基础之上的，同时不会从性质上扭曲法律的基本原则，为什么不可以确立某种程度的判例法呢？"[②]

---

① 转引自杨立新：《人身权法论》，人民法院出版社2002年版，第664页。
② 转引自王丹：《论民法体系中隐私权的界定——一个动态过程的呈现》，中国政法大学，2005年，第28页。

二、隐私与隐私权的概念界定

早期的隐私研究以法律视角为主，探讨隐私权的内涵与权利属性、隐私保护等问题。随着互联网、大数据和人工智能技术引入新闻传播业，新闻生产方式产生变革，学界更加注重从新技术驱动的实践中不断形成伦理与价值规范，网络隐私、智媒背景下的隐私问题是学界讨论的热点。

（一）隐私的概念界定

隐私关乎个人的尊严与自由，对隐私的讨论始于个人意识的觉醒。国内学者对隐私概念的界定，最初是对隐私与阴私是否等同、个人私事与隐私的关系的讨论，学者们的主张侧面映射了不同时代的价值观。隐私的意义及其泄露的危害不言而喻，但是人们对隐私的认识与保护深受其身处情境的影响，从早期对隐私与阴私的讨论，可见主流价值观赋予情境的意义。一些稍早的出版物，如1985年版《法学词典》，将隐私和阴私等同起来。[①]伴随时代变迁，隐私观念也有变化，一些研究从"隐"与"阴"的含义出发，区分隐私与阴私。有学者区分了隐私和阴私，指出隐私是隐瞒个人的私事，阴私涉及与男女关系有关的事情。[②]也有学者认为，隐私与阴私相通就等于否定了隐私权，虽然隐私与阴私都属于个人不愿公开的生活中的隐秘部分，但二者并不相同，隐私不仅指隐瞒两性关系内容的事，也包括隐瞒自己无关社会利益的个人私事和秘密。[③]到了20世纪90年代，对隐私

---

① 《法学词典》，上海辞书出版社1985年版，第872页。
② 孙国祥：《试论自然人隐私权的法律保护》，载《法律实践》，1987年，第2期。
③ 王冠：《论人格权》，载《政法论坛》，1991年，第3期。

的研究涉及私人生活和私人信息两个方面。张新宝认为隐私包括两个部分：个人的私生活安宁与私生活秘密，他指出隐私权应该保障公民的私生活安宁不被非法打扰，私人信息不被他人非法采集、刺探和公开。①王利明主持的"学者民法典建议稿"指出，私人空间也是隐私的内容之一，应该保护公民的私生活安宁不被打扰、私生活秘密不被非法收集和公开、私人空间不被非法闯入。②进入数字时代，隐私问题从线下延伸到线上，隐私有了新的内涵，隐私的范围有所扩大，人们逐渐意识到隐私的重要性，对他人未经许可传播、利用个人隐私信息的行为感到不快。有学者提出了隐私的四种类型，分别是：物理隐私、决定隐私、心理隐私、信息隐私，③也有学者基于数字时代的背景，将大数据时代的隐私分为三类：监视带来的隐私、披露带来的隐私、歧视带来的隐私。④隐私的本质在于个人独自拥有并且不可侵犯。随着隐私的概念进一步细化和拓展，私人信息、私人生活安宁和私人空间都纳入隐私保护的范围中，相关法律也更加完善。学界对隐私概念的解读是对实践中产生的隐私问题进一步深入研究的基础。笔者认为，隐私是指与公共利益无关的、当事人不愿公开的私事、私人空间和私人信息，既包括作为实体存在的个人事务、个人数据等，也包括个人的情绪、情感，保护个人隐私就是维护人的尊严与自由。

　　早在1986年，国外就有学者将隐私问题界定为信息时代需要关注的首要伦理问题。⑤就隐私问题而言，国外研究者更倾向于把握隐私

---

① 张新宝：《隐私权的法律保护》，群众出版社1997年版，第7页。
② 参见王利明教授主持的民法典建议稿第二编第五章第四十六条。
③ 居然：《数字时代隐私和监控的双重困境：组织传播在Web2.0时代下的思考》，载《浙江大学学报（人文社会科学版）》，2015年，第5期。
④ 孟小峰、张啸剑：《大数据隐私管理》，载《计算机研究与发展》，2015年，第2期。
⑤ Mason R O. Four ethical issues of the information age[J]. MIS Quarterly, 1986, 10(1):5-12.

的尺度，而不是简单地对暴露和隐秘进行非此即彼的取舍。显而易见
的是，毫无顾忌地暴露使人丧失自我与个性，而完全的隐秘使人丧失
赖以生存的社群基础。受到民主、自由观念的影响，个人对隐私的管
理是国外隐私研究的重点，从个人边界或个人行为等视角进行的隐私
维度划分曾是很长一个时间段内的研究热点。就隐私的概念而言，一
些国外学者从法律视角、社会学视角出发，分别将隐私界定为：个体
或组织由于自我意愿向其他人传递个人信息的声明，①个人或者群体
自我选择性的控制机制，②人们控制个人资料的社会交换程度、数量
的一种状态。③对隐私的分类，20世纪末，有学者明确地将隐私划分
为四个维度，即个人隐私、行为隐私、人际交流隐私和数据隐私。④
随着网络时代的到来，人们通过网络进行社会交往，在此过程中产
生的个人数据可以通过数字信息的方式收集、保存、传播和利用，因
此有学者又将人际交流隐私和数据隐私合并划归为"信息隐私"。⑤
在界定信息隐私的概念时，国外研究者关注用户的隐私态度和隐私行
为，有学者将人们的隐私关注态度划分为多个维度：信息的收集、未
经授权的二次使用、不正当的获取和错误，⑥也有学者从用户的隐私
行为视角来研究隐私，指出信息隐私研究包括信息的收集、加工、披

---

① Westin A F. Privacy and freedom[J]. Washington and Lee Law Review, 1968, 25(1):166.

② Altman I. Privacy regulation: Culturally universal or culturally specific? [J]. Journal of Social Issues, 1977, 33(3):66-84.

③ Stone E F, Stone D L. Privacy in organizations: Theoretical issues, research findings, and protection mechanisms[J]. Research in Personnel and Human Resources Management, 1990, 8(3):349-411.

④ Clarke R. Internet privacy concerns confirm the case for intervention[J]. Communications of the ACM, 1999, 42(2):60-67.

⑤ Bé langer F, Crossler R E. Privacy in the digital age: A review of information privacy research in information systems[J]. Mis Quarterly, 2011, 35(4):1017-1042.

⑥ Smith H J, Milberg S J, Burke S J. Information privacy: Measuring individuals' concerns about organizational practices[J]. MIS Quarterly, 1996, 20(2): 167-196.

露和侵权等。①不同领域的隐私解读明确了信息隐私的研究范畴，也推进了隐私研究的发展。

（二）隐私权的概念界定

我国对隐私权的民法保护始于20世纪80年代，学界对隐私权的研究起步较晚，主要内容包括隐私权的内涵、界定标准、权能属性、隐私主体、网络隐私权等内容。1990年，张新宝在《隐私权研究》一文中提出，隐私权是一种民事权利，是人身权的一个重要组成部分。他从三个角度阐述了保护隐私权的社会意义：一是维护个人的安宁与安全，从而实现社会安定；二是维护公民的人格尊严，使公民免受因隐私被侵犯而导致的精神痛苦；三是通过法律上对隐私权加以确认和保护，制裁侵害隐私权的行为，树立良好的社会风尚。②1997年张新宝在《隐私权的法律保护》一书中指出，隐私权是指公民的私生活安宁不受打扰以及公民的私人信息不被非法获取和使用。③张新宝侧重从个人的私生活不被打扰的角度来定义隐私权，也有学者指出隐私权是一种排除他人对个人私密生活进行干预的权利，④强调隐私权排除他人干预。王冠认为，隐私与阴私不能混为一谈，隐私权是一种防止他人公开私人秘密的权利，个人有权隐瞒无关社会利益的个人私事和秘密。⑤王利明认为隐私权侧重于隐私主体对个人信息、私生活和私有领域的控制，并指出隐私主体是自然人所享有的一种人格权，隐私

---

① Solove D J. A taxonomy of privacy[J]. University of Pennsylvania Law Review，2006，154(3)：477－564.

② 张新宝：《隐私权研究》，载《法学研究》，1990年，第3期。

③ 张新宝：《隐私权的法律保护》，群众出版社1997年版。

④ 佟柔主编：《中国民法》，法律出版社1990年版。

⑤ 王冠：《论人格权》，载《政法论坛》，1991年，第3期。

第一章　隐私与隐私悖论

权与公共利益并不冲突。[1]杨立新认为，隐私权的权能属性包括隐瞒权、利用权、支配权和维护权，这些权能的核心是对隐私及其利益的支配。[2]笔者更倾向于王利明的观点，他明确了隐私的界定标准是与公共利益无关，隐私的主体是自然人，隐私主体有保护自己的隐私不受侵扰的权利，也有对私人信息、私生活和私人领域的控制权。在现代社会，每一位公民都有权享有安宁生活而不被他人打扰，有权保护自己的私人空间不被任何人非法闯入，有权保护个人秘密不被非法获取、存储和传播。法律保护公民的隐私权，不因公民的身份地位、财产多少而有差异。随着网络自媒体的发展，明星、网络红人的隐私在网络新闻中的常态化和深度化，是当前网络新闻的一种倾向。受众的关注为明星、网络红人带来了知名度和经济价值，因此他们默许媒体曝光自己的部分隐私，或者自曝隐私，让渡了部分隐私权，权利与义务总体趋于平衡。明星、网络红人的隐私权之所以受到更多限制，是因为他们比普通人相对多地涉及公共利益，但是明星、网络红人也是公民的一部分，他们的隐私权同样应该受到保护。现代生活深受传播媒介的影响，从媒介的变迁来看，隐私权会伴随着媒介技术的发展而变化，虽然隐私权的内涵较为明确，但隐私权的内容将不断扩大，对隐私权的界定更加兼顾多元主体的利益需要。

隐私权与个人生活密切相关，对隐私权保护而言，隐私范围的界定是十分必要的。有学者对国内外隐私权的不同隐私范围进行比较，受到历史文化观念等因素影响，发达国家的隐私范围较广，一个人的年龄、收入水平、个人信用状况、身体健康程度、从事的工作、家庭

---

[1] 王利明：《人格权法新论》，吉林人民出版社1996年版。
[2] 杨立新：《关于隐私权及其法律保护的几个问题》，载《人民检察》，2000年，第1期。

情况、个人喜好等都属于隐私。在发展中国家，某些个人信息并不属于隐私的范畴，隐私范围较窄。在隐私界定标准上，我国学者强调个人的生活安宁不被打扰、个人秘密不被知晓、私人空间不被闯入等外在特征，在判断时会考虑是否与他人利益、公共利益无关，主要从一般人角度做普遍要求，客观性较强；西方学者更强调主观因素，强调隐私主体的看法，在这种情况下，隐私范围的界定具有可变性。[①]笔者更倾向于我国学者的观点，因为在具体案例中，西方学者强调的主观因素缺乏一定的可行性，而不违背公共利益的判断标准更适合处理当下出现的隐私权问题。

三、智媒背景下的隐私问题

隐私权最早作为法律概念提出，被定义为"独处的权利"，[②]隐私权的核心是人格尊严。随着人们在政治、经济、文化、生活等各领域活动范畴的扩大，隐私权作为公民人格权的重要组成部分受到保护。王利明认为，作为一种特定人格权，隐私权具有一定的宽泛性和开放性，可以将一些新的隐私利益纳入其中，进而适应社会发展趋势。从网络隐私权到"被遗忘权"，到智媒背景下的隐私问题，隐私网络化、信息化、数据化，公民隐私的内涵、范围都发生了变化。私人信息和私人空间的"不被打扰的权利"不足以保护现代人的尊严与自由，隐私应侧重于个人对其数据信息积极管控的权利。在一些隐私侵权事件中，出现了将他人的隐私信息作为商品进行交易的现象，这

---

① 刁胜先：《论网络隐私权之隐私范围》，载《西南民族大学学报（人文社科版）》，2004年，第2期。

② 王利明：《隐私权概念的再界定》，载《法学家》，2012年，第1期。

表明智媒时代隐私权的财产性质增强，隐私泄露除了造成人格尊严受损，往往也会带来直接的经济损失。

网络时代，隐私权从"独处的权利"演变为一种对个人信息的"自我控制"。这是因为网络用户的每一个行为都会留下数据足迹，而这些数据足迹总是被"记住"，却难以被"忘记"。当大量的数据足迹被挖掘和分析，为互联网平台带来经济利益的同时，也侵害了个人的隐私权。网络隐私权研究呈现出与传统隐私权研究不同的新特点。在早期的研究中，有学者从脆弱性、侵权客体、双重性质和权能的角度进行分析，也有学者从隐私权的范畴角度探讨网络隐私权。随着网络普及和人工智能技术的应用，学者们逐渐关注数据挖掘与数据隐私保护，关注到个体对其隐私的忧虑与保护。有研究者认为，网络环境下的隐私权与现实生活中的隐私权不完全相同。网络隐私权是指公民在网络中享有私人生活安宁、私人信息不被非法侵扰、知悉、搜集、利用和公开的权利，也指禁止在网络中透露与个人相关的敏感信息。网络隐私权包括知情权、选择权、控制权、安全请求权、利用限制权、赔偿请求权。[1]也有研究者认为，网络隐私权具有人格、财产双重性质。[2]网络服务商对个人隐私信息的收集和使用中的侵权问题也被学界关注。网络隐私权属于资料隐私权和通讯隐私权的范畴，资料隐私权限制并保护了对公民的个人信息、资料的获取和使用；通讯隐私权保护公民在各种通讯方式中的隐私权利，比如公民在电话、邮件中的信息安全。从侵权主体的角度将网络隐私权的侵犯归纳为

---

[1] 赵华明：《论网络隐私权的法律保护》，载《北京大学学报（哲学社会科学版）》，2002年，第S1期。
[2] 刁胜先：《论网络隐私权之隐私范围》，载《西南民族大学学报（人文社科版）》，2004年，第2期。

五类：个人侵权、网络经营者侵权、商业公司侵权、软硬件设备供应商侵权、黑客攻击。①网络隐私权在权利主体、对象、属性上，较之传统隐私权都有所突破。②

继网络隐私权研究的热潮之后，被遗忘权研究一度成为学界讨论的热点。被遗忘权满足了隐私主体的情绪，带有强烈的感情色彩，引起人们的共鸣。欧盟法院在2014年5月做出了Google-Gonzá lez案的最终裁决，在司法上明确确立了被遗忘权的地位，并推动2015—2017年相关研究文献数量快速增长。学者们对被遗忘权的内涵理解比较宽泛，一些学者以概念区分的方式，对被遗忘权进行界定。有学者把被遗忘权分为传统遗忘权和数字遗忘权，③也有学者认为被遗忘权是一种删除个人数据的权利，④亦有学者认为遗忘权和删除权也是两个不同的概念。⑤被遗忘权的权利性质是一个讨论热点，学者们的主要观点集中于隐私权和个人信息权的区分。一种观点认为，个人信息权可以纳入广义隐私权的范围，形成其亚类型——信息隐私权。⑥另一种观点将被遗忘权归为个人信息权或信息自决权的范畴。也有学者认为，被遗忘权属于人格权的范畴，但它又不属于独立的人格权，依附于某一项具体的人格权，即个人信息权。⑦亦有学者从被遗忘权的权利结构、本土化等角度进行研究。从现有文献来看，法学学者对被遗

① 华劼：《网络时代的隐私权——兼论美国和欧盟网络隐私权保护规则及其对我国的启示》，载《河北法学》，2008年，第6期。
② 顾理平、胡颖：《我国网络隐私权的立法保护研究》，载《新闻大学》，2016年，第2期。
③ 郑文明：《个人信息保护与数字遗忘权》，载《新闻与传播研究》，2014年，第5期。
④ 陈昶屹：《被遗忘权——欧美国家利益暗战利器》，载《法律与生活》，2014年，第13期。
⑤ 郑远民、李志春：《被遗忘权的概念分析》，载《长春师范大学学报》，2015年，第1期。
⑥ 张建文：《被遗忘权的场域思考及与隐私权、个人信息权的关系》，载《重庆邮电大学学报（社会科学版）》，2017年，第1期。
⑦ 杨立新、韩煦：《被遗忘权的中国本土化及法律适用》，载《法律适用》，2015年，第2期。

忘权的研究视域围绕民法上的相关权利，新闻传播学学者对被遗忘权的研究多从言论自由、媒介隐私等角度展开。笔者认为，虽然被遗忘权满足了隐私主体的情感需要，但被遗忘权将个人信息的封锁、遗忘与隐私保护混为一谈。

人工智能技术应用于新闻传播业，带来了一些伦理问题。算法平台的权利与义务备受关注，在新闻生产到新闻推荐的整个流程中，存在着算法"黑箱"以及信息茧房，导致信息偏向。由于算法偏见存在于算法设计实践的各个层面中，从数据的输入、处理，到数据输出都容易造成偏见。更重要的是，传感器新闻与算法推荐，都必须以浏览数据为基础进行加工，隐私数据的二次使用几乎无可避免。个人与公共边界的模糊，隐私数据所有权界定的模糊，当下隐私数据保护规制的不完善，都使得对个人隐私数据的二次使用始终存在着侵权的风险。[1]随着人工智能技术广泛应用于新闻传播业，许多自动化新闻程序大量获取信息，通过分析和处理将数据集转化为新闻故事，而目前对信息获取的监管机制尚不健全，无处不在的信息收集机制难以限制，公民的隐私面临威胁。有研究者认为，在今日头条的算法推送技术下，用户成了被关在全景监狱中的囚犯，平台技术人员、管理者成了全景监狱的狱卒。在算法推送技术下，现代人的秘密被暴露了。[2]有学者从新闻内容生产引发的隐私侵权问题切入，指出大数据时代，个人隐私不过是躺在各种应用终端里的冰冷数据，毫无秘密可言。[3]

---

① 顾理平、杨苗：《个人隐私数据"二次使用"中的边界》，载《新闻与传播研究》，2016年，第9期。

② 陈莉：《全景监狱模式下的算法推送——以今日头条为例》，载《新媒体研究》，2018年，第7期。

③ 董广安、吕冰汝：《物联网技术的传播应用及其伦理挑战》，载《现代传播（中国传媒大学学报）》，2017年，第9期。

公众被置于各类可供偷窥的容器里，成为一个个"透明人"。

智媒背景下的隐私问题，是个人隐私在智媒环境下的一种衍生形态。受到智媒服务普及度高、智媒传播环境中信息流动性强，以及消费者的信息隐私商业价值大等特点的影响，智媒时代的隐私安全问题日益突出，很难实现对个人信息的完全控制，而隐私不是一种绝对权利，公民的隐私权应当与公共利益相平衡。智媒背景下的隐私权问题较之网络隐私权、被遗忘权而言，呈现出不同的特点，首先，智媒背景下的个人信息获取更广泛而常态，出现了如"整合型隐私""身体隐私"等新的隐私概念，带有各种传感器和处理器的智能设备广泛应用于日常生活，加强了对隐私的监控，在一定程度上引发了公民的隐私危机。人们在上网的过程中留下了无数的网络足迹，数据挖掘技术将这些网络足迹进行有规律的分析、整合，形成了"整合型隐私"。[1]智能设备嵌入身体，加速了对自身身体的解读过程。它在促进自我进步与发现的同时，实际上也将身体隐私完全由设备平台进行控制和处理，极易造成对身体私密隐私的侵犯。[2]从人脸识别技术应用至今，许多人对这类技术感到焦虑，担心自己的隐私不保。即便如此，以人脸识别技术为代表的各类新技术，一直在快速推进。[3]其次，在智媒生活中，隐私内容具有经济价值，侵犯隐私权的原因一般与利益相关。当隐私权受到侵害时，人们不仅会感受到痛苦不安，而且可能会面临财产安全问题。有学者认为，隐私与大数据商业发展的

---

① 顾理平：《整合型隐私：大数据时代隐私的新类型》，载《南京社会科学》，2020年，第4期。

② 许彤彤、邓建国：《"量化自我"潮流中的技术与身体之同构关系研究——以运动应用程序Keep为例》，载《新闻与写作》，2021年，第5期。

③ 王俊秀：《数字社会中的隐私重塑——以"人脸识别"为例》，载《探索与争鸣》，2020年，第2期。

矛盾性让研究者更全面地看待隐私和个人数据。个人信息具有个人价值和商业价值，经常利用其商业价值会降低隐私价值，有时甚至会降低整体社会福利。[①]最后，智媒对个人隐私的获取更具有隐蔽性。可穿戴设备的兴起，极大地发展了算法领域，即利用智能机器学习方法和通过移动可穿戴设备获取的数据来推断人们的情绪、特征和行为。随着智媒技术越来越像人类，人们也会越来越将它们视为准人类或克隆人，而非单纯的工具，这使得它们的隐私入侵行为更加轻易也更具迷惑性。[②]相比较而言，在网络隐私时代，人们往往通过控制自己的隐私分享范围、分享程度等方式来保护个人隐私。智媒时代的隐私保护，应当由国家、智媒平台运营商和公民三方共同努力。国家应针对智媒生活中的问题，及时完善法律法规，对智媒平台和用户进行监管，同时，设置智媒"把关人"角色，监督智媒平台的运营。智媒平台运营商一方面应完善隐私政策的内容表述，及时回应用户对隐私政策的反馈；另一方面，应该聚焦算法平台的运行机制，减少平台对用户隐私权的威胁。用户应提高媒介素养和隐私素养，学习基本的隐私自我保护手段。

第二节　隐私悖论的概念界定和组成部分

媒体智能化趋势带来了传感器新闻、个性化新闻、机器人新闻、

---

① 张钲、程乐：《大数据背景下公民隐私保护的困境及其对策》，载《中州学刊》，2021年，第2期。

② 邵国松、黄琪：《人工智能中的隐私保护问题》，载《现代传播（中国传媒大学学报）》，2017年，第12期。

分布式新闻等新的新闻生产模式，信息传播业呈现出新的特征，用户系统、信息生产和传播系统、信息终端等方面出现了不同程度的交汇与融合。智能媒体以强大的用户基础构建起庞大的关系网络，打破了原本的信息壁垒，推动了以多元媒体为载体的信息交互。在媒介技术飞速发展的时代，对个体的人文关怀十分必要。网络时代带来了以信息"分享""窥视"为关键词的社交模式，智媒时代革新了人与人、人与机器交流的形态，媒介与人呈现出融合的趋向。智媒以用户信息作为提供服务的前提，用户被数据化、可跟踪化，隐私泄露随时发生。如何在不侵犯隐私的基础上，合理利用个人信息，是智媒产业面对的一个难题。智媒背景下的公民隐私，不仅是传统隐私权在智能媒介中的延伸，更是受到隐私传播媒介变化而衍生出的新问题。人们既担心隐私安全，又无法自拔地在智能媒介中暴露自己的隐私信息，产生了隐私悖论现象。虽然隐私态度与隐私行为之间的矛盾程度有差异，但大量智媒用户存在着这种态度与行为的矛盾。在现实生活中，用户实际的隐私行为并不总是与他们所描述的相符合，用户会因场合、人际关系、实际利益等因素调整自己的隐私关注水平。同时，在特定的情境中，用户也可能会随意地披露自己的隐私。人们在做决策的过程中并不总是理性的，当下获取的好处更能引起用户的重视，隐私泄露可能导致的长远利益损失却容易被人忽视。已有研究从不同的角度剖析隐私悖论，有学者对隐私悖论进行理论上的讨论，也有学者通过实证研究验证了隐私悖论存在于社交网络中，随着研究深入，用户隐私态度与隐私行为之间的矛盾愈发凸显。

一、隐私悖论的概念

近年来，随着移动终端的广泛使用和基于社交媒体的流行，隐私悖论现象普遍存在于人们的生活中。国内外许多学者开始致力于"隐私悖论"的相关研究，涉及新闻传播学、法学、社会学、经济学、信息科学等学科。学界对"隐私悖论"的概念达成的基本共识，多从风险感知和实际隐私保护行为的矛盾来定义。针对消费者隐私关注和实际消费行为悖论关系的研究最早出现在零售领域，21世纪初，有学者在研究网络购物时发现，消费者的隐私关注程度及其实际消费行为之间存在一种矛盾的关系，消费者在购物中使用个人信息时有着明显的隐私忧虑，但是只要得到了一定程度的回报，就会提供个人隐私。[①]在超市消费时，人们虽然担心使用超市会员卡可能导致个人隐私受到侵犯，但仍愿意提供个人信息从而获得价格优惠。[②]2001年惠普实验室开展的一项针对互联网使用情况的研究中，研究者发现了类似现象，大多数消费者在深度访谈中表示自己害怕网络企业收集他们的个人信息，但是他们并不会因此而减少在线购买行为。在社交网络领域，2006年美国研究者苏珊·巴尔内斯在调查Facebook（现已改名为Meta）中大学生用户的隐私态度时，将这种隐私态度和行为的矛盾命名为"隐私悖论"。[③]隐私悖论是指用户在感知到隐私风险存在的情况下，但不中断隐私披露行为，也不采取其他保护隐私的措施。披露

① 朱侯、王可、严芷君、吴江：《基于隐私计算理论的SNS用户隐私悖论现象研究》，载《情报杂志》，2017年，第2期。
② Sayre S, Home D A. Trading secrets for savings: How concerned are consumers about a privacy threat from club carsd?[J]. Advance in Consumer Research, 2000, 27:151-155.
③ Susan B, "A privacy paradox: Social networking in the United States," First Monday Journal Article ,vol.11, no.9, 2006.

行为是用户权衡风险、利弊后的结果，用户的隐私威胁感知与其主动的披露行为之间存在矛盾，隐私悖论由隐私关注和隐私披露行为两个方面构成。

皮尤研究中心互联网与美国人生活项目高级研究专家阿曼达·伦哈特和玛丽·马登对隐私悖论做了具体描述：出于不同的动机，人们常常会披露隐私，例如身份信息、个人偏好、生活习惯、文化水平、电话和家庭地址。与此同时，人们也已经意识到，公开隐私信息存在着潜在风险。[①]隐私关注是指人们对信息环境的感知，对个人信息的获取、存储与利用等环节的感知与关注，[②]包含了人们对隐私泄露和隐私侵害的态度，与人们当下所处的环境密切关联，并且受到人们的生活背景、经验、文化水平等因素影响。已有研究表明，隐私关注程度会影响人们的隐私披露的意愿与行为，隐私关注程度越高则披露意愿越低。社交媒体中的隐私披露，是指用户通过网络内容生产，运用多种形式向外界传递信息，并以此满足个人需求的一种信息传播行为。有研究发现，用户实际披露的隐私一般多于其陈述的披露意图。[③]也有学者认为，不节制的自我披露行为既造成了隐私的自我泄露，也为他者泄露提供了机会，自我披露深化了隐私忧虑心理。用户的隐私忧虑心理来自于隐私泄露的风险，相较于传统媒体时代而言，智媒为用户带来了诸多便利的同时，也增加了网络服务提供商获取敏

---

① Lenhart A, Madden M, "Teens, Privacy and Online Social Networks: How teens manage their online identities and personal information in the age of My Space," Pew Internet & American Life Project, 2007: 1-45.

② Petronio s. Boundaries of Privacy: Dialectics of Disclosure, Albany, NY: Stata, University of New York Press, 2002: 46.

③ Norberg P A, Horne D R, Horne D A. The Privacy Paradox: Personal Information Disclosure Intentions Versus Behaviors [J]. Journal of Consumer Affairs, 2007, 41 (1): 100-126.

感个人信息的机会，随着大量个人信息被采集，用户隐私泄露的风险提高。中国互联网络信息中心发布的第49次《中国互联网络发展状况统计报告》显示，截至2021年12月，在网民遭遇的各类网络安全问题的比例中，遭遇个人信息泄露的网民比例最高，为22.1%。有研究者提出从源头处弱化隐私披露的风险，隐私悖论加剧了隐私侵犯与保护之间的对抗性，隐私主体对自我披露的控制与管理能够从源头处弱化隐私风险，在自我披露前可以先判断敏感信息的强弱程度。隐私主体应该慎重权衡信息界限，在隐私披露、隐私忧虑和隐私保护之间构建一种平衡关系。[1] 亦有学者认为，隐私作为"私人的信息、空间或生活等自我披露控制的自主"，既是一种法律权利与社会规范，又是一种心理感受。用户的隐私感受变化，与社交网站个人信息传播呈现出的一系列新的特征相关。[2]

　　智媒用户已经感知到了威胁，并且他们十分关注个人隐私。但尽管如此，大多数用户并不会改变隐私行为，他们依然在网络上发布自己的个人信息。有研究者发现，大部分网络用户会在博客、社交网站上详细公布个人信息，比如自己的经历和感想，并且允许其他人进入自己的博客、私人社交空间，开心地迎接其他人观看自己与家人、朋友的生活细节。[3] 智媒用户不断地在线发布自己和家人朋友的可识别信息、照片、音视频，可见隐私威胁的感知并没有直接作用于隐私披露行为。

---

① 彭湘蓉：《隐私悖论视角下的社交网络隐私安全》，载《中州学刊》，2016年，第3期。
② 王秦：《社交网络时代个人信息传播与"隐私悖论"》，载《中国报业》，2014年，第10期。
③ Christofides E, Muise A, Desmarais S., "Information disclosure and control on Facebook: are they two sides of the same coin or two different processes?" Cyber psychology & behavior: the impact of the Internet, multimedia and virtual reality on behavior and society, 2009（3）: 341-345.

笔者认为，隐私悖论是指人们在提供或者公开个人信息的时候存在隐私忧虑，但是为了获得便利或其他好处，人们依然会选择提供或公开个人信息，隐私悖论体现了认知与行为的矛盾，多出现于媒介使用的过程中。

二、隐私悖论的成因分析

学界主要从两个角度探讨隐私悖论的形成原因，一个角度从用户的认知水平出发，有研究者指出用户对网络世界知之甚少，他们缺乏基本的隐私素养，难以判断自己所面临的隐私风险，在披露隐私的过程中缺乏自我保护意识。[1]另一个角度认为，隐私披露行为是用户权衡利弊后做出的理性决策。用户对隐私风险有一定的认知，尽管如此他们依然选择披露隐私的原因是，他们认为，隐私披露行为将带来更多的便利和好处。当隐私披露带来的好处多于披露的风险时，人们为了获取利益而主动公开个人隐私。[2]智媒平台鼓励人们披露隐私，掀起了一阵自我表露的热潮。为了获取更好的服务，大量用户在智媒平台上填写、完善个人信息。平台根据用户的习惯喜好、文化背景等为其精准推送个性化服务。不仅如此，一些社交平台根据用户的个人信息，为其推荐"可能认识的人"，人们甚至发现，日常生活中早已断了联系的旧时好友就在这份"可能认识的人"的名单中。

---

① Debatin, B., Lovejoy, J. P., Horn, A. - K., & Hughes, B. N. Facebook and online privacy: Attitudes, behaviors, and unintended consequences [J]. Journal of Computer-Mediated Communication, 2009, 15 (1): 83 - 108.

② Xu, H., Luo, X., Carroll, J. M., & Rosson, M. B. The personalization privacy paradox: An exploratory study of decision making process for location-aware marketing [J]. Decision Support Systems, 2011, 51 (1): 42 - 52.

（一）隐私主体的自我意识减弱

隐私意识区别了人类与其他灵长类动物，它与生产力的发展和文明进程有关，既是文明社会对个体的要求，又伴随着个体适应社会的结果——自我意识的觉醒而产生。人类不仅感知到自己的身体状态，和自身的思维、情感、意志等心理活动，还能够感知到外在世界与自己的关系，自我意识的发展标志人类的社会化。从自然人到社会人的转变中，社会普遍认可的行为规范与道德准则内化为个人的行为标准，这是社会交往的前提。当个体融入群体之中，会弱化自己的个性，行为也在一定程度上被群体同化，在智媒时代，这表现为无数人跟随隐私分享的潮流。

意识既是人脑的机能和产物，又是人脑对客观外界的反映。心理学中的"意识"是指人类独有的心理活动，包括感觉、知觉、思考、记忆等，是人们对自己和外在世界的觉知。意识活动的主要内容包括两个方面：对在外界事物的觉知和内部刺激的觉知。[1]哲学家们将意识看作人与动物的本质区别，费尔巴哈曾提出："究竟什么是人跟动物的本质区别呢？对这个问题的最简单、最一般、最通俗的回答是：意识。"[2]自我意识是指个体对自己的身体状况、心理状况的认识、体验和愿望，它是人类所拥有的较高层次的心智活动，是人类意识的核心部分，个体对自己与周遭世界有着清晰的感知和明确的态度。《哲学大辞典》对自我意识的概念是这样解释的："狭义指意识对精神、意识活动本身的认识。广义指人对自己的属性、状态、活动（外

---

① 王朝庄编著：《心理学基础》，河南科学技术出版社2005年版，第25页。
② [德]费尔巴哈，荣振华、王太庆、刘磊译：《费尔巴哈哲学著作选集（下卷）》，商务印书馆1984年版，第26页。

部活动和内部精神活动）的认识、体验，以及对自己的情感意志活动和行为进行调节、控制的过程。"[1]自我意识将自己与他人区分开来，它既是"对自己作为个体的意识"，[2]又是主体"对自己的主体的状态、活动的认识和体验"。[3]作为人类较高层次的心智活动，自我意识能够使人们将自己与外在世界区分开来。通过自我意识的活动，人们意识到自己与外在世界的关系，发现自己的动作、言谈等个人特征，并发觉自己的想法、情绪和愿望等。

自我意识具有自觉性和能动性，它对个体的隐私认知、隐私披露的深度与范围起着调节和监控作用。马克思从自我意识的角度揭示了人的独立性，他在题为《德谟克利特的自然哲学和伊壁鸠鲁的自然哲学的差别》的博士论文中指出："人成其为人在于人自身内在的精神规定对物质规定局限的超越，在于心灵不为肉体欲望所拘囿而为肉体欲望的主宰。人的这种形式或精神方面的规定，就是人的自我意识。人是具有独特的物质规定性和精神规定性的存在物，但是人的本质取决于人的自我意识。"[4]人的自觉性是一个由意识到认识再到行动的过程，自觉性越高的人往往主观能动性也越强。在自我意识的驱使下，人们感知到自己的隐私保护需求。自我意识是主体对自身的需求、状态及其同外部世界关系的意识，人的自我意识越强，越能坚持己见、维护自身利益、重视人格尊严，而不会任由其他人侵犯自己的权益。隐私权在本质上是对个体人格尊严的保护，它承认了人的价

---

① 《哲学大辞典》，上海辞书出版社2001年版，第2071页。
② [德]舍勒：《舍勒选集（上）》，上海三联书店1999年版，第625页。
③ 陈新汉：《自我评价活动和自我意识的自觉》，载《上海大学学报（社会科学版）》，2006年，第9期。
④ 黄克剑：《人韵——一种对马克思的解读》，东方出版社1996年版，第135页。

值。从人的社会性来说，"人是社会关系的总和"，这就意味着个人
不能脱离群体而单独存在。生活在数字化社会中，个人的言行交往已
经全部被数字化，也就是个人已经"融入"群体之中，成为勒庞所称
的"乌合之众"。根据勒庞的观察，群体中的个体往往会抹去自身的
个性以求更好地融入群体中，除非成为群体中的舆论领袖才可以更好
地保持自己的个性。在群体中容易形成不设防或者少设防的氛围，身
处于群体中的人在心理上相对松懈，其自我意识相对弱化，也就更容
易披露隐私信息。

（二）隐私情境与认知偏差

智媒用户存在一定的认知偏差，他们在感知自身、他人与智媒
环境时，常常因为自身或情境的原因而对事物的认知不全面，或产生
错误的认知，表现为过度自信和乐观偏差。智媒平台构建了一个看似
安全的隐私情境，通过隐私条款、隐私权限设置、屏蔽设置、反馈与
维权机制等塑造出可信赖的平台形象。当智媒平台给予用户更多控制
隐私的权限时，用户会认为自己拥有更大的能力去抵抗未知的隐私风
险，自愿暴露更多的隐私信息。用户认为隐私设置能控制住隐私信息
的流向，只有自己设定的权限范围内的人才能看到，他们偶尔也会担
忧隐私是否会因为智媒平台的管理问题而外泄，但是大多数情况下，
他们对自己的隐私设置较为自信。用户的披露行为建立在风险感知的
基础上，由于现实生活中让渡隐私权的往往是明星、公众人物等，
而且在相当长的时间内隐私侵权案件距离人们的日常生活比较远，
大众的隐私素养有待提升，很多人未能明确感知到隐私风险。智媒用
户在评估披露隐私的风险时，更倾向于认为他人面临的隐私风险高于
自己。有研究表明，用户在网络隐私风险方面表现出很强的乐观偏

差，①用户认为个人受到在线隐私侵犯的可能性比其他个体要低，这种小概率事件不会落在自己身上。②在现实情况下，用户实际的隐私行为更加多样化，呈现不同的特点。

温斯坦认为，自我中心主义会影响个体对其经历某个事件可能性的评估，在判断危险时，个体只想到自己会采取适当行为以降低危险，却不会想到别人也会如此，因此导致乐观偏差。如果个体意识到他人和自己一样也会采取措施降低危险，会减轻产生乐观偏差的程度。③有心理学研究证实，乐观偏差与心理距离有关，在较远的心理距离条件下，被试表现出更大的乐观偏差；而在较近的心理距离中，乐观偏差效应明显减小。④智媒的个性化推送等服务使人们一直在接触自己感兴趣的话题，而缺少对大环境下其他话题的关注。虽然媒介技术进步为人们提供了海量信息，但是"信息茧房"使用户沉浸在感兴趣的话题中，将注意力集中于自己身上，更多地去思考和分析与自己相关的信息，减少了对其他信息的思考，从而影响了对事件的判断。

个体的经历影响乐观偏差。有研究表明，个体所经历过的消极事件会减弱乐观偏差。⑤在隐私信息的分享过程中，经历过隐私侵犯或

①　Cho H，Lee J S，Chung S.Optimistic bias about online privacy risks: Testing the moderating efects of perceived cotrolability and prior experience[J]. Computers in Human Behavior，2010，26(5)：987-995.

②　Baek Y M，Kim E M，Bae Y. My privacy is okay，but theirs is endangered: Why comparative optimism maters in online privacy concerns[J].Computers in Human Behavior，2014，31(1)：48-56.

③　Weistein，N. D. (1982). Unrealistic optimism about susceptibility to health problems. Journal of Behavioral Medicine, 5, 441-459.

④　岑延远：《解释水平视角下的乐观偏差效应》，载《心理科学》，2016年，第3期。

⑤　Chambers，J. R.，Windschitl，P. D.，& Suls，J. (2003). Egocentrism，event frequency and comparative optimism: When what happens frequently is "more likely to happen to me"，Personality and Social Psychology Bulletin, 29, 1343-1356.

者目睹他人隐私受到侵犯的用户，在判定隐私风险时受到乐观偏差的影响较小，他们意识到每个人都可能遭受隐私侵权事件，自己的隐私并非绝对安全。同时，过去经历或者目睹的消极事件容易使他们产生联想，把自己想象成受害者的角色。人们往往会根据过去的经历来预测未来，这就导致了多元化的隐私风险判断，经历过隐私侵权的个体倾向于认为消极事件会再次发生，而未经历过隐私侵权的个体则会因此认为这类事件不会发生在自己身上。在现实情况下，用户实际的隐私行为更加多样化，因受到多种因素影响而呈现不同的特点，有时也会呈现出随意性，比如，用户从相对私密的情境进入相对更公开的情境时，用户并未根据环境变化而去调整隐私披露行为，或是在某种情绪的影响下，产生与以往不同的隐私披露行为。

与风险感知相对应的则是媒体信任。"信任不仅与风险感知相伴，也常常影响用户的自我表露行为。"[1]有研究表明，社交媒体信任、网络人际信任都与用户个人信息披露意愿呈正相关。且个人信息披露态度是用户对他人信任和自我表露意愿的完全中介变量。[2]风险感知会令隐私主体在网络使用中持有某种戒心，从而相对理性地控制自己的隐私披露行为，而媒体信任则往往基于网络平台的隐私政策的承诺，从而令隐私主体放松警惕。

（三）自我呈现与社交需要

智媒时代带来了新的交往方式，信息的分享、反馈是建构自己、维持社交关系的重要手段，人们在交往中非常重视对自我形象的管

---

[1] 牛静：《社交媒体使用行为研究：互动、表达与表露》，社会科学文献出版社2019年版，第114页。

[2] 李纲、王丹丹：《社交网站用户个人信息披露意愿影响因素研究——以新浪微博为例》，载《情报资料工作》，2015年，第1期。

理。自我呈现是一个自主的印象管理过程，是指用户为了建立某一种形象而进行的有目标的展示行为。用户可以通过媒体平台发表观点、发布照片、与其他用户进行互动，从而构建和维持自身的形象。有研究认为，自我呈现是人们使用社交网站披露隐私信息的主要原因之一。[①]人们希望通过信息披露构建一个有趣的形象，达到自我呈现的目的。[②]一些学生不断地发布自己的新状态，目的就是修正自己在他人心中的形象。[③]隐私披露是一种人际交互过程，是人们在某一情境中选择，隐私披露行为往往是相互的，披露行为本身能够拉近与他人的关系，满足个体的社交需要。人是社会动物，人们需要亲密关系。尤其是当人们身处压力之中时，隐私披露行为能够使人们获得同伴的认同，减弱孤独感。有关自我表露和孤独感之间关系的研究表明，对同伴适度的自我表露与较低的孤独感相联系。[④]人们通过社交媒体公开自己的生活状态，也观看着别人的生活，信息的披露与观看强化了社会关系，[⑤]满足了人们的社交需求。虽然人们在社交媒体上披露了隐私信息，通过自我呈现构建了形象，并满足了社交需求，但是人们的隐私态度和隐私行为之间也存在矛盾，有不少社交媒体用户对隐私

① Chen B, Marcus J. Students'self-presentation on Facebook: An examination of personality and self-construal factors[J]. Computers in Human Behavior, 2012, 28(6):2091-2099.

② Lindqvist J, Cranshaw J, Wiese J.I'm the mayor of my house: Examining why people use foursquare —a social-driven location sharing application[C]// CHI 2011 Conference on Human Factors in Computing Systems, Vancouver:ACM SIGCHI, 2011:2409-2418.

③ Seidman G. Self-presentation and belonging on Facebook: How personality influences social media use and motivations[J]. Personality &Individual Diferences, 2013, 54(3):402-407.

④ Berg J H, Derlega V J. Themes in the study of self-disclosure. In: Derlega V J, Berg J H ed. Self-disclosure: theory, research and therapy (monography). New York and London: Plenum, 1987:1-8.

⑤ Mcgee J, Caverlee J, Cheng Z. Location prediction in social media based on tie strength[C]// Proceedings of the 22nd ACM international conference on Information & Knowledge Management. San Francisco: ACM, 2013:459-468.

披露行为感到顾虑。[①]尽管如此，大多数用户并不会改变其隐私披露行为。

（四）隐私计算与利益权衡

用户在披露隐私信息之前，往往会权衡得失。当用户感知到更多的风险时，他们的隐私关注水平往往会提高，并减少隐私披露行为。[②]用户对隐私风险有一定的感知能力。对用户来说，隐私披露可能带来的风险和损失虽然并不确定，但是潜在的损失也能用来衡量风险等级。当用户认为自己的隐私信息会被妥善保管，而不会被滥用时，他们会分享更多的隐私信息。有研究者运用保护动机理论，实证分析了利益评估、风险评估等因素如何影响用户的隐私保护行为，研究结果表明，用户感知到更高的隐私风险时，会提高隐私关注程度，当用户感知到隐私保护行为的成本较低时才会采取隐私保护行为。[③]基于"理性人"的假设，人们总是愿意以较小的成本获得更大的收益，因此，人们在披露隐私信息之前，会预估隐私风险与披露隐私的实际好处。[④]

虽然用户有一定的风险感知能力，对隐私信息也有明确的保护意愿，但是用户仍然会在一些情况中披露过多的隐私信息而产生损失。有研究者从"有限理性"的角度，分析隐私悖论产生的原因，指出人

---

① Barnes S B. A privacy paradox: Social networking in the United States[J/OL].First Monday，2006，11(9).[2017-01-15]http://firstmonday.org/article/view/1394/.

② Dinev T，Hart P. An extended privacy calculus model for e-commerce transaction[J]. Information Systems Research，2006，17(1):61-80.

③ 申琦：《风险与成本的权衡：社交网络中的"隐私悖论"——以上海市大学生的微信移动社交应用（App）为例》，载《新闻与传播研究》，2017年，第8期。

④ Karwatzki S, Dytynko O, Trenz M, et al. Beyond the personalization-privacy paradox: Privacy valuation，transparen-cy features，and service personalization[J]. Journal of Management Information Systems 34.2 (2017):369-400.

们在做决策的过程中受到情境的影响而很难保持完全的理性。[①]用户在做隐私决定时不受主观因素影响，会理性地计算预期的隐私披露损失和潜在的披露收益。[②]人们总是能够快速地发现立即可得的好处，而忽略隐私披露可能带来的问题。有研究者在实验中发现，当可获得的金钱收益增加时，有更多的用户愿意披露隐私信息。[③]也有研究者观察了网络购物中的消费者，消费者在表述中透露自己较为重视隐私，有着较高的隐私关注水平，但是当得知可以获得收益时，消费者愿意披露自己的隐私信息。[④]

隐私披露行为与用户的性格特征有关联，不同性格的用户对隐私收益的感知不同。有研究发现，外向性格的用户往往更能感受到披露隐私带来的好处，而这将导致他们披露更多的隐私信息。[⑤]这表明用户感知到的披露隐私带来的好处，并不仅仅局限于经济利益、更高级的服务，也包括维持社会关系、获得社会资本等。有研究者发现，Meta已经成为创造社会资本以及维持社会关系的重要工具，如果拒绝使用Meta与其他人交流，则可能面临"社会性死亡"的窘境。[⑥]

① Acquisti A. Privacy in electronic commerce and the economics of immediate gratification[C]// Proceedings of the 5th ACM Conference on Electronic Commerce. New York: ACM, 2004: 21-29.

② Jiang Z, Cheng S H, Choi B C F. Research note—privacy concerns and privacy-protective behavior in synchronous online social interactions[J]. Information Systems Research, 2013, 24(3):579-595.

③ Steinfeld N.Trading with privacy: The price of personal information[J]. Online Information Review, 2015, 39(7):923-938.

④ Brownchidsey R, Boscardin M L, Sireci S G.Computer atitudes and opinions of students with and without learning disabilities[J]. Journal of Educational Computing Research, 2001, 24(2):183-204.

⑤ Pentina I, Zhang L, Bata H, et al. Exploring privacy paradox in information-sensitive mobile app adoption: A cros-cultural comparison[J].Computers in Human Behavior, 2016, 65:409-419.

⑥ Debatin B, Lovejoy J P, Ann-Kathrin H M A, et al. Facebook and online privacy: attitudes, behaviors, and unintended consequences[J]. Journal of computer-mediated communication, 2009, 15(1):83-108.

第三节 智媒时代的隐私关注和隐私行为

数字技术引领传媒业变革，智能手机和移动网络给现代人的生活带来了极大便利，社交媒体应用发展迅速。数据与隐私已经成为人们普遍关注的话题，新媒体表现出了强大的舆论控制力和社会影响力，像一张带有黏性的网，使人们深陷其中。很多人认为，媒介技术及其关系网络成了"世界上最强大的力量"。[①]这种力量已经不仅是数字时代的文化现象，它根植于社会生产和生活，影响着人们的思维方式和实践活动，对经济发展和社会规范产生巨大作用。分享、展示、发现的社交理念被社交媒体广泛采用，网络服务提供商根据用户的使用习惯、个人喜好、社会关系、资源互动等信息提供个性化服务，公民的个人隐私面临前所未有的威胁。伴随技术的发展和物质的发达，大众传媒越来越现代化，人们愈发感受到，自己已经陷入社交媒体"透明人"的尴尬处境中，个人隐私随时有可能被媒体、商业组织或其他人收集、储存和发布。

一、智媒时代的隐私关注

隐私问题的研究热点随时代变迁而变化。在传统媒体时代，人们将隐私权视为"不被干涉的权利"。互联网时代以来，从隐私主体出发的研究成为新的热点，隐私主体对信息隐私的管控、使用为人们

---

① [美]凯文·凯利：《技术元素》，电子工业出版社2012年版，第8页。

所关注。信息隐私关注的概念模型最早被应用于营销市场秩序的研究中，并被定义为是人们对可能失去自我信息隐私控制的担忧。[①]1996年，史密斯提出了"信息隐私关注"的概念，将隐私关注定义为一种个体对隐私受到侵犯风险的感知和评估。隐私关注广泛存在于隐私问题研究和用户行为研究中。

（一）隐私关注的概念

隐私本身难以测量，人们对隐私的界定与观念、习俗、认知水平等感性因素有关。在已有的实证研究中，研究者提出了"隐私关注"的概念来测量和表述人们的隐私心理。隐私关注是一种与隐私泄露和隐私侵害相关联的信息意识和感知，是个人对某一具体的隐私情境的主观感受，它不仅受到个人经验、生活环境的影响，也与文化环境和相应的社会情境息息相关。隐私关注包括人们对信息的非法收集、非法监测、非法获取、非法传输、无用索取、非法存储等的感知与关注。[②]在网络商业情境下，还涉及人们对环境的控制和对二次使用信息的控制等层面。有研究表明，个人信息的披露意愿会随着人们隐私关注的逐渐提高而不断降低，[③]对此，很多学者对隐私关注进行了深入的研究，如很多学者对隐私关注的测量方法进行研究；亦有很多研究尝试解释和分析与隐私关注相关的各种前因变量和结果要素。

国外学者从社会环境、侵害行为、控制手段等多个层面研究个人对隐私的态度，研究结果覆盖面较广。有学者认为，隐私关注是用户

① Culnan M J, Armstrong P K. Information Privacy Concerns, Procedural Fairness, and Impersonal Trust: An Empirical Investigation". Organization Science, 1999, 10（1）:104-115.

② Wang Huaiqing, Lee M K O, Wang Chen. Consumer privacy concerns about Internet marketing[J]. Communications of the ACM, 1998, 41(3): 63-70.

③ Hoffman D L, Novak T P, Peralta M. Building consumer trust online[J]. Communications of the ACM, 1999, 42(4): 80-85.

的一种意识和主观感受，它与隐私威胁和隐私侵害相关联，[①]与特定的隐私环境相关联，受到用户生活经验、家庭背景影响，[②]也与社会环境和文化氛围有关。隐私关注包括用户对信息的非法获取、非法储存、不当二次使用的关注和感受。[③]也有学者认为，隐私关注是个人对自己的隐私信息被其他人公布的关注程度。[④]这导致人们在关注隐私、感知到隐私威胁的情况下，减少个人信息的披露。社交网站中的隐私问题与线下社会中的不同，人们在社交网络上即时互动，隐私环境复杂多变。由于用户同时面对不同的网络圈子，能够公开的隐私级别不同，并且用户不得不更新个人隐私设置，以满足特定环境对隐私的不同需求。[⑤]糟糕的是，在法律约束下，用户难以删除由其他用户发布的关于自己的信息。[⑥]

国外很多学者深入研究了用户的隐私态度和行为，尤其是对隐私关注的测量方法进行研究。解决隐私问题，需要通过控制隐私分享范围、控制披露隐私的内容和数量、自我信息能力三个方面来考虑。[⑦]

---

① Skinner G, Han S, Chang E. An information privacy taxonomy for collaborative environments [J]. Information management & computer security, 2006, 14(4): 382-394.

② Campbell A J. Relationship marketing in consumer markets: A comparison of managerial and consumer attitudes about information privacy[J]. Journal of Interactive Marketing, 1997, 11(3): 44-57.

③ Malhotra N K, Kim S S, Agarwal J. Internet users' information privacy concerns (IUIPC): The construct, the scale, and a causal model[J]. Information Systems Research, 2004, 15(4): 336-355.

④ Chen J, Ping W J, Xu Y J, et al. Am I Afraid of My Peers? Understanding the Antecedents of Information Privacy Concerns in the Online Social Context [C] // Proceedings of the 30th International Conference on Information Systems (ICIS), Phoenix, USA, 2009:174.

⑤ Dienlin T, Trepte S. Is the privacy paradox a relic of the past? An in-depth analysis of privacy attitudes and privacy behaviors [J]. European Journal of Social Psychology, 2015, 45(3): 285-297.

⑥ Chen J, Ping W J, Xu Y J, et al. Am I Afraid of My Peers? Understanding the Antecedents of Information Privacy Concerns in the Online Social Context [C] // Proceedings of the 30th International Conference on Information Systems (ICIS), Phoenix, USA, 2009:174.

⑦ Ibrahim E N M. Exploring informational privacy perceptions in the context of online social networks: a phenomenology perspective [J]. Human Interface and the Management of Information. Interacting with Information. Springer Berlin Heidelberg, 2011:330-338.

也有学者将隐私关注分为三种类型：一是预测到威胁所引起的隐私关注，二是出于隐私自决权而关注隐私，三是重视隐私对个体和社会的价值而关注隐私。[①]这些概念的共通点是重视隐私环境，从隐私的披露方式、程度来分析隐私关注。

（二）隐私关注测量模型

隐私本身难以测量，国外许多隐私研究通过测量隐私关注来衡量隐私。学界最常使用的两个量表分别为1996年提出的"信息隐私关注（Concern For Information Privacy，CFIP）量表"[②]和2004年提出的"网络用户信息隐私关注（Internet Users' Information Privacy Concerns，IUIPC）量表"[③]。国外学者十分注重数据对研究的支撑，这是当前国内隐私关注研究所缺乏的。

CFIP量表的基础理论是战略理论，将隐私关注划分为收集、错误、未授权二次使用和不正当访问4个维度，共15个因素，主要应用于传统交流的情境中。其中"收集"指在用户知情或者不知情的情况下批量获取用户个人信息的行为，"错误"指收集者在储存个人数据时有意或无意地使数据不完整或不正确，"未授权二次使用"指未经用户同意擅自使用其个人信息以达成其他商业目的的行为，"不正当访问"指未经授权访问个人隐私相关信息的行为。CFIP量表主要基于静态、传统的环境，其应用主要面向组织而非个人，因此该量表很难在互联网环境中对人们信息披露的动态交互关系进行考量。

① Gürse F S . Multilateral privacy requirements analysis in online social network services [D] . Ph.D. thesis, KU Leuven , 2010:86–104.

② Smith H J, Milberg S J, Burke S J. Information privacy: Measuring individuals' concerns about organizational practices[J]. MIS Quarterly, 1996, 20(2) : 167–196.

③ Malhotra N K, Kim S S, Agarwal J. Internet users' information privacy concerns (IUIPC) : The construct, the scale, and a causal model[J]. Information Systems Research, 2004, 15 (4) : 336–355.

第一章 隐私与隐私悖论

　　IUIPC量表的基础理论是理性行为理论和社会契约理论，包含收集、控制和认知3个维度，共15个因素，应用于互联网交互情境中。其中"收集"表示用户对个人信息被获取时的担忧程度；"控制"表示用户按照自己意愿对个人信息的控制程度；"认知"表示用户对组织隐私政策的自我感知的程度。隐私悖论研究中，在借鉴和应用以上量表的同时，需要考量特定维度和指标对本国文化和环境的适应性。

（三）隐私关注的影响因素

　　信息的差异对隐私关注有很大影响，主要体现在用户对需要提供的信息种类（如行为信息、财务信息、医疗信息、生物学信息、消费者记录等）的敏感性上，用户对特定威胁的感知和行为很大程度上取决于向其索要特定信息的类型。有研究发现"信息类型（动态信息、静态信息）会对用户的隐私关注产生影响"。[1]例如，人们对于购物和偏好等信息的敏感度远远低于对医疗信息和财务信息的敏感度。也有学者证实信息的敏感性不仅是信息自身的属性，还与人们所处的环境相关，如人们对电子商务、社交网络、财务网站和健康网站等存在不同的信息敏感度，进而激发出不同的隐私关注。

　　用户对情境的信任水平影响其隐私关注程度。在网络购物中，用户对平台的信任能降低隐私关注水平，[2]忽略自己为了购买产品而披露隐私可能导致的信息泄露风险，增加实际的网络购物行为。这是因

---

　　① Choi S S, Choi M K. Consumer's privacy concerns and willingness to provide personal information in location -based services[C]/ / Proceedings of the 9th International Conference Advanced Communication Technology. Gang won-Do: IEEE, 2007: 2196-2199.

　　② Bélanger F, Hiller J S, Smith W J. Trustworthiness in electronic commerce: The role of privacy, security, and site attributes[J]. The Journal of Strategic Information Systems, 2002, 11(3): 245-270.

为人们对所处的情境的信任度，能够带给人们安全感。与此相类似的是，有研究认为，对于鼓励用户的参与行为而言，"提高用户对网站的信任比降低用户对个人隐私的关注更有效"[①]。许多网络服务提供商会在用户注册前推送隐私政策，向用户说明其个人数据的采集和处理情况，一般来说隐私政策能够在一定程度上提高用户对该网络服务的信任。

用户的隐私关注水平存在个体差异，受到性别、性格、教育背景等因素影响。隐私关注的性别差异主要体现在隐私关注的程度差异和与此相关的隐私保护行为，女性的隐私关注程度普遍高于男性。用户的受教育水平影响了他的媒介素养和隐私意识，进而影响了用户的隐私关注水平。在相同的情境中，不同教育背景的用户对信息的筛选并不相同，一般来说，接受过高等教育的用户更注重保护隐私，而从事计算机专业工作的用户由于其职业经验而更加重视个人的网络信息安全问题。[②]用户的经验和阅历都会影响其隐私关注，比如用户过去的隐私泄露经历可能会唤起他对隐私披露的担忧，而未遭受过隐私侵权的用户则更可能对隐私风险持乐观态度。有学者基于五大人格特质理论，发现"亲和型人格对隐私关注有积极的影响，而人们的隐私保护行为却与理智型人格高度相关"[③]；也有研究者发现"冒险型人格较规避风险型人格更倾向于进行隐私控制"。[④]

① Taylor D G, Davis D F, Jillapalli R. Privacy concern and online personalization: The moderating effects of information control and compensation[J]. Electronic Commerce Research, 2009, 9(3): 203-223.

② 佟林杰、赵怀宇：《社交媒体用户隐私关注影响因素研究》，载《齐齐哈尔大学学报（哲学社会科学版）》，2022年，第3期。

③ Korzaan M L, Boswell K T. The influence of personality traits and information privacy concerns on behavioral intentions[J]. Journal of Computer Information Systems, 2008, 48(4): 15-24.

④ Cheshire C, Antin J, Churchill E. Behaviors, adverse events, and dispositions: An empirical study of online discretion and information control[J]. Journal of the American Society for Information Science and Technology, 2010, 61(7): 1487-1501.

隐私关注水平受文化因素影响，文化差异影响了人们对事物的认知。研究者主要通过国别和种族等来考察文化差异和隐私关注之间的关系。比如，有研究发现"意大利人与美国人相比，隐私关注度普遍较低，然而相应地也使他们有更高的风险感知"。[①]除了国家的差异，隐私关注与文化价值以及不同文化背景下的监管模式高度相关；由于隐私关注之间的差异非常显著地表现在相关文化价值观的差异上，需要"本地化隐私政策的策略"。

二、智媒时代的隐私披露

在传统文化里，隐私意味着隐藏、遮蔽私事，且私事与公共利益无关。进入现代社会后，人们对隐私的看法发生了一些变化。一方面，我国法律承认并保护公民的隐私权，比如《民法典》第一千零三十二条规定自然人享有隐私权，第一千零三十三条明确指出了几种隐私侵害行为，提出保护公民的私人生活安宁、私密空间、私密活动、身体的私密部位、私密信息等。另一方面，随着智能媒介的普及和使用，越来越多的人主动公开个人生活，人们通过披露隐私展示自己，通过分享隐私与他人维持关系。科技延伸了人们的感官，人们将文字、图片、音频、视频等多种内容传输到网络上，披露隐私成了一种潮流。

大众传播媒介的发展推动了隐私披露的潮流，而智媒时代的到来则使人们的隐私信息披露呈现普遍化趋势。新媒体建立起覆盖全球的信息传播网络，人们可以随时随地地分享自己的想法、情绪、所处的

---

① Bellman S, Johnson E J, Kobrin S J, et al. International differences in information privacy concerns: A global survey of consumers[J]. The Information Society, 2004, 20(5): 313–324.

位置、习惯与喜好等，披露隐私、观看他人的隐私都已经不再是个体出格的行为，而是大众共同参与的活动。从21世纪初开始，"真人秀"节目的流行使人们沉醉在分享隐私所带来的快感中。从明星"真人秀"节目到草根人物"真人秀"节目，一大批节目多方位地展示着不同社会成员的隐私，既满足了真人秀参与者披露隐私、扩大社会影响的目的，又满足了受众的窥私欲望。进入智媒时代，披露隐私的方式更多样，社交媒体平台上充斥着隐私信息。与此同时，随着智媒逐渐参与到现代生活的方方面面，人们在使用智媒过程中主动上传的大量私人化信息和网络使用痕迹，借由大数据挖掘技术，可以生成人物特征更加明显的"用户画像"，隐私信息的披露推动了互联网产业的快速发展。

在我国，以先进技术为依托的互联网产业发展迅猛。根据第48次《中国互联网络发展状况统计报告》，截至2021年6月，我国网民规模为10.11亿，较2020年12月新增网民2175万，互联网普及率为71.6%。其中我国的手机网民规模为10.07亿，网民中使用手机上网的比例为99.6%。在网民遭遇各类网络安全问题的比例中，个人信息泄露的比例最高，为22.8%。[①] 这份报告从基础应用类、商务交易类、网络娱乐类、公共服务类四类应用，以及数字消费研究、数字贸易研究、人工智能研究三个专题概述了互联网应用的发展状况。互联网产业的发展为现代人提供了便捷服务的同时，也加剧了隐私泄露的风险。

---

① 第48次《中国互联网络发展状况统计报告》，http://www.cnnic.net.cn/hlwfzyj/hlwxzbg/hlwtjbg/202109/P020210915523670981527.pdf

（一）隐私披露概念

隐私披露行为是用户公开个人隐私的行为，用户可以通过社交媒体直接发布生活状态，也可以将个人隐私信息提供给网络服务提供者。用户的隐私披露行为反映了其内心深处的自我意识，披露隐私的程度受到其所处的情境影响，是用户自我呈现的一种方式，用来满足其社会交往的需要。用户在披露隐私信息之前，往往会权衡得失。当用户感知到更多的风险时，他们会减少隐私披露行为。当用户认为自己的隐私信息会被妥善保管，而不会被滥用时，他们会分享更多的隐私信息。

隐私披露行为，是用户的隐私意识、隐私关注、隐私控制能力的直接体现。[①]隐私关注和感知风险负向影响隐私披露意愿，习惯、感知收益、信任、感知控制和匿名性正向影响隐私披露意愿。[②]随着网络用户的隐私关注水平提高，其隐私披露意愿有所降低，这影响了网络用户的媒介使用行为，尤其是对在线交易产生了影响。社交网站可以提供完善的个人隐私管理工具，从而获得用户信任，提高用户的隐私披露意愿。[③]有研究从用户和平台两个视角对隐私披露相关理论进行梳理归纳，得到社会化媒体中隐私披露理论整体框架。[④]也有研究通过对国内外用户隐私信息披露意愿的文献分析和归纳，从用户特性、用户利益和用户感知三个方面研究影响用户隐私信息披露意愿的

---

① 张钥、朱庆华：《国外信息隐私研究述评》，载《图书情报工作》，2014年，第7期。
② 李雪丽、黄令贺、陈佳星：《基于元分析的社交媒体用户隐私披露意愿影响因素研究》，载《数据分析与知识发现》，2021年，第10期。
③ Krasnova H., Spiekermann S., Koroleva K., et al. Online social networks: why we disclose[J]. Journal of information technology,2010,25(2):109-125.
④ 李凯、于艺：《社会化媒体中的网络隐私披露研究综述及展望》，载《情报理论与实践》，2018年，第12期。

因素。①移动互联网环境下的隐私安全问题面临挑战，用户的隐私信息披露和挖掘威胁了用户的人身和财产安全。②网络服务使用者上网浏览信息的过程中留下了一些痕迹，这些痕迹大多会被披露给在线购物平台，在线购物平台获取用户数据后分析用户的喜好，从而为用户推送相关商品。③隐私关注与信息披露相关，用户每一次接入公共网络都会被迫披露一些信息，比如行车记录仪的轨迹、位置信息、通讯录好友信息等。④消费者希望网站提供更加可靠的技术来保护自己披露的隐私信息。⑤在法律层面上，隐私信息保护的法律法规能够降低用户的隐私顾虑，提高用户的隐私信息披露意愿。⑥

（二）隐私披露的应对和风险规避

隐私关注会正向影响用户的个人隐私保护行为，用户的个人隐私受侵经历、政府监管、媒体宣导等因素也会对其网络隐私保护行为产生影响。随着人们的隐私意识不断提高，人们开始采取多种方式来应对和规避隐私披露可能产生的负面影响。"用户对隐私披露的应对行为主要有消极回避、身份信息的修改和给出虚假信息三类行为。"⑦后来有其他研究者验证了以上分类，隐私关注的提升将导致用户对隐

---

① 梁丽婷：《用户隐私信息披露意愿研究和发展综述》，载《品牌》，2015年，第12期。

② Li K., Lin Z., Wang X. An empirical analysis of users' privacy disclosure behaviors on social network sites[J]. Information & management, 2015, 52(7):882-891.

③ Keith M., Thompson S., Hale J., et al. Information disclosure on mobile devices: Re-examining privacy calculus with actual user behavior[J]. International journal of human-computer studies, 2013, 71(12):1163-1173.

④ 张钥、孙霄凌、陆佳莹、朱庆华：《基于隐私计算理论的移动社交用户信息披露意愿实证研究——以微信为例》，载《图书与情报》，2018年，第3期。

⑤ 吴亮、邵培基：《基于决策树选择模型的物联网隐私信息保护策略研究》，载《管理学报》，2011年，第8期。

⑥ Stutzman F., Gross R., Acquisti A. Silent listeners: The evolution of privacy and disclosure on Facebook[J]. Journal of privacy and confidentiality, 2013, 4(2):7-41.

⑦ Chen K C，Rea Jr A L. Protecting personal information online: A survey of user privacy concerns and control techniques [J]. Journal of Computer Information Systems，2004，44(4)：85-92.

私披露采取更高级别的回应，如伪造信息、使用提高隐私的技术以及拒绝购买等。[①]隐私关注水平较高的用户在披露隐私时有许多顾虑，当有人收集他们的隐私信息时，他们经过冷静的思考后，当判定隐私风险较大时，他们会拒绝对方的请求。随着智媒时代的到来，人们的衣食住行都与网络相连，在一些情境中人们不得不提供隐私信息，一些用户会事先做好准备来降低个人隐私被披露的可能性，比如拒绝在网络中发布个人信息，将各类手机应用与微信账号解除绑定等。

① Wirtz J, Lwin M O, Williams J D. Causes and consequences of consumer online privacy concern[J]. International Journal of Serv ice Industry Management，2007，18(4)：326-348.

第二章

Chapter 2

间隔与消融：隐私边界的
消融增加了隐私风险

隐私的披露或分享，往往与隐私主体所处的"圈子"有复杂的关系。人们通常会根据自身所处"圈子"的状况，决定披露隐私的边界与程度，而边界实际上是人与人之间竞争与合作过程中的社会关系。本章中讨论的"圈子"，关注边界与区隔，探究其作为一种独特的社会关系网络的存在。隐私利益的判断与人在圈子中的关系有关，受到圈内成员共同利益的影响。社会关系网络对人们是否披露隐私信息，以及披露信息的内容、程度有着决定性作用，这是研究"圈子"的意义。在传统媒体时代，中国人的思维方式、社会行为受到文化的深刻影响，重视差序格局的隐形规约，往往以关系的远近亲疏作为判断标准，血缘、地缘是大家披露隐私时考虑的主要因素。"家丑不可外扬"是对隐私披露边界的管理方式，"远亲不如近邻"则暗含着允许地缘上接近的"外人"进入自己的私人空间，为自己提供帮助。这种为了便利而自愿放弃一部分私人空间的行为，与现代人在媒介中资源披露隐私的行为有相似之处。进入智媒时代，人们通过各类智媒平台集聚与互动，智媒用户侧重个体的共同身份，组织松散、自由度高，对披露信息有着清楚的目的和分工合作方式。智媒平台营造了一个披露隐私的情境，在一个活动平台内，成员往往根据平台的特点与开放程度来判断在该平台披露信息的安全度，对某一平台披露信息的内容、方式与程度，不同的成员间往往能够形成类似的判断标准。分享隐私有许多好处，但是如何把握分享的尺度呢？西方有句格言："不知道如何掩饰的人就不知道如何存活。"这从一个侧面说明着隐私主体在披露隐私时的一种内心权衡。

第一节　隐私的边界

　　隐私的披露与分享，往往与隐私主体所处的地理位置、社会阶层和社会关系等密切相连。传统媒体时代，人们往往根据自身所处圈子的状况，决定披露隐私的边界与程度。进入智媒时代，随着人们网络生活的普及，人际交往中曾经相对稳定的圈子，逐渐扩散至网络世界。圈子交往中相对明确的公私边界，在关系交往中日渐模糊。

一、"圈子"——传统隐私的划分边界

　　社会学领域对圈子现象的研究，始于费孝通的"差序格局"理论，该理论将公私关系中的"私"与圈子的划分相联系，指出："所谓'私'的问题却是个群己、人我的界线怎样划法的问题。"[1]费孝通认为，中国的社会结构与西方不同，中国的社会结构不是一捆捆扎起来的柴，而像是把一块块石头扔在水面上产生的一圈圈推出去的水波纹。每个人都是自己圈子的中心，被圈状水波纹所推及的就产生了联系。[2]圈子的边界并不是封闭的。一般来说，小圈子是基于家人关系、熟人关系而形成的小团体，而人情交换能够拓展熟人关系。圈子具有一定的弹性，中国人的个人关系结构可伸可缩。[3]互联网技

---

　　① 费孝通：《乡土中国 生育制度》，北京大学出版社1998年版，第40页。
　　② 费孝通：《乡土中国 生育制度》，北京大学出版社1998年版，第26页。
　　③ 罗家德：《关系与圈子——中国人工作场域中的圈子现象》，载《管理学报》，2012年，第2期。

术革新了现代人的通信媒介与社交方式，网络圈子在规模与存在形式
等方面较之传统社会中的圈子都有所发展。网络圈子是个体基于某种
缘由，以关系的远近亲疏为标准，通过网络集聚、互动而形成的一个
社会关系网络。个体的社会属性影响着圈子的形态与结构，不同的网
络圈子间互有交集。[1]网络圈子中的个体拥有一定的自主性，他们可
以根据需要构建圈子、管理圈子，并通过社交平台将圈子展现出来。
但是这并不意味着个体能完全摆脱现实的差序格局，网络圈子中可能
会形成群体压力而抑制个人意愿。[2]圈子区隔出的公与私的边界，在
网络社会实际上表现为人与人之间的边界。个人隐私管理中最重要的
一个环节是对私人边界的管理。桑德拉·佩特罗尼奥提出了"隐私边
界"的概念，他认为人们会管理公共领域与私人领域之间的边界，在
分享信息时会考虑到边界问题。隐私的边界并不是固定的，而是可渗
透的、可伸缩的。[3]

　　在隐私悖论的研究中，互联网圈子存在于"差序格局"中，又
与费孝通的圈子有所不同。在传统的中国社会，血缘和地缘是影响人
们披露信息的主要因素，"家丑不可外扬"是将信息封锁在家族内
部，这是对隐私边界的管理，既管理家族中的人，又管理隐私信息
的流动。古话说"打断骨头连着筋"，描述了血脉亲人之间天生的、
不可断绝的联系和交往，可见亲疏关系对中国人社会交往的影响。
"远亲不如近邻"则是从地域距离上描述了中国人交往的动机——互

---

① 朱天、张诚：《概念、形态、影响：当下中国互联网媒介平台上的圈子传播现象解析》，
载《四川大学学报（哲学社会科学版）》，2014年，第6期。
② 彭兰：《网络的圈子化：关系、文化、技术维度下的类聚与群分》，载《编辑之友》，
2019年，第11期。
③ Sandra Petronio, Boundaries of privacy: Dialectics of disclosure, Albany: State University of New York Press, 2002, p.12.

相帮助，为地缘上接近的邻居提供了进入私人空间、了解私人生活的可能。在传统的中国社会中，存在着许多血缘圈子、地缘圈子。血缘和地缘深刻影响到圈子的规模与发展，血缘结构越广则圈子的规模越大，地缘越近则不同圈子间的互动越频繁。圈子因人而建、因境而成，情境中的人对边界的处理形成了各具特点的圈子。圈子的互动方式多种多样，受到主流文化氛围的影响，也与圈子中多数人的文化水平、价值观念息息相关。中国人注重互助合作，同一个圈子里的人往往会分享重要的信息与资源，而分享与帮助是互相的、有来有往的，在分享与帮助之间，圈子得以扩大，并与其他圈子碰撞、交流。同时，传统社会中内外有别的观念也区分了圈内与圈外，关系的亲疏远近时刻影响着隐私的边界。在层级差别明显的互联网圈子中，群体规范带来的压力、从众心理和个体对信息的需求，导致个体不敢脱离圈子，而是努力保持与圈子中其他成员大体一致的行为，希望获得圈子内其他成员的认可，使自己不会处于脱离圈子的孤独状态。

传统中国社会由一个个富于伸缩性的圈子组成，每个圈子都以自我为中心，自我是一切价值的集合，这是传统社会思想教化的一个支点。《礼记·大学》中提道："修身，齐家，治国，平天下。"这句话被当作古人的行为准则和最高理想，而理想要以自我修养为起点，传统文化深刻影响着中国人的思维模式和行为准则，当下国人的隐私行为，继承了古人以自我为中心的价值观念。披露隐私带来的实际好处，让人们无视隐私泄露带来的危险，流连于各种圈子之间，既乐于披露自己的隐私，又乐于观看其他人的表演。"人情大于法律"的怪象，源于对自我的过分关注，人们过分在意社会关系和他人对自己的看法而影响了自我判断，对隐私信息的封锁和保护也深受这种观念的影响。为了获得周围圈子的评价，人们需要披露隐私，既塑造理想的个人形象，又要妥善处理与圈内人的关系。在很多人看来，即便讨厌一个人，也不愿撕破脸，而是让此人静静躺在联系列表的深处，无论是现实中还是网络中，都默许此人继续了解自己的隐私信息。由此可见，研究中国社会的隐私悖论问题，需要从边界和圈子入手。

隐私利益的产生与竞争有关。资源具有稀缺性，人们为了追求利益需要掌握一些信息，而这些信息又不能被竞争对手所掌握。为了赢过其他竞争者，拥有共同利益追求的人通过合作形成社会群体。人与人之间存在着复杂的竞争与合作关系，对有价值的信息，人们选择性地分享与控制，形成了不同的隐私边界。人们处于合作关系时，合作者倾向于分享与合作有关的信息，为合作创造良好的信息优势。在这种情况下，群体中成员的隐私关注程度较低，披露隐私的程度较高。比如，在申请学术项目时，不同的科研团队之间形成了竞争关系，科研团队内部的成员则是合作关系。在团队内部，成员之间乐于共享项目信息、评审团与竞争对手的信息等，该科研团队的领导者则会根据掌握的成员信息来安排项目分工。为了赢得竞争者，团队成员往往会对内部资料进行封锁，对外严格管理隐私的边界。在分派任务之前，团队成员可能会展示自己和其他成员的资源信息，来帮助领导者分派任务。

以往的隐私研究发现，传统媒体时代信息公开的场合决定了该信息是否会受到保护。这种观点有其合理性，但是在智媒时代，遍布各个角落的传感器和信息收集设置随时随地参与用户的生活，并与用户进行互动，因此上述观点中的"场合"换为"情境"更合适。在过去，中国人的社会关系分为三类：家人关系、熟人关系及陌生人关系，这三类关系以个人为中心，向外层层扩散。[①]在现实生活中，人与人之间的关系是复杂的，可能同时存在多种关系，人们对关系的认知也更加多元。人们分享隐私时，一方面会考虑自己与被分享者的关系，另一方面也会注意自己分享的情境是否安全、适宜。在智媒时代，每一位用户都是各自情境的中心，在社会交往中以爱好、性别、年龄、地域等因素区分出关系的远近，形成自己的生活圈，在社会交往中容易依赖他人，乐于分享信息，也容易产生从众心理，人们在圈子中披露信息的程度、内容会立刻影响到其他人，信息披露后，圈子中的观看者会分享披露者的情绪，并引发自我披露的想法。圈子中的人不得不分享隐私，也不能过度分享隐私，在隐私分享中该怎样把握尺度，这对每一个现代人而言都是一个难题。

公与私的边界是隐私研究的永恒话题，如何确定隐私的边界是隐私权研究的难题。随着时代的进步，公民隐私权的内涵有所变化，公与私的边界也在不断变化。我们可以从三个角度来区分公与私的边界：目的、空间和信息。目的分为公共利益或私人利益，空间分为公共空间和私人空间，信息分为公共信息和私人信息。比如，当一个人出于公共利益的需要来获取信息时，即便这个人不在自己的圈子内，隐私主体也可能会适当调整其隐私的边界，适度分享有用的隐私信息，当一个人为了私人利益想要获取他人隐私信息时，很有可能被拒绝。

二、强关系与弱关系——维系动态的隐私边界

社会网络是多个社会行动者及其关系的集合。社会网络理论起

---

① 杨国枢：《中国人的社会取向：社会互动的观点》，载《中国社会心理学评论》，2005年，第1期。

源于形式社会学，从理论体系来看，其内容可以归纳为结构观和工具观、强关系力量论、弱关系力量论、结构洞理论、社会资本理论这五大核心范畴。[①]强弱关系理论和社会资本理论对研究互联网圈子和隐私悖论的形成有借鉴意义。

美国社会学家格兰诺维特在对求职过程的研究中发现，弱关系更有可能充当信息桥。根据互动频次、情感力量、亲密程度以及互惠交换四个维度，将关系分为强关系和弱关系。他认为，强关系维系着群体的内部关系，往往导致传播双方的信息同质化；弱关系则在群体之间建立纽带，是不同社会集群之间传递信息的桥梁。社会资本理论的代表人物是皮埃尔·布迪厄。他认为"场域是以各种社会关系连接起来的、表现形式多样的社会场合或社会领域"，场域作为社会关系网，处在动态变化之中，变化的动力是社会资本，资本之间可以相互转换。格兰诺维特和布迪厄在援引社会网络理论时，都意识到个体受到了其所在的社会关系网络的影响，而形成了个体之间的关系。根据格兰诺维特、布迪厄的理论，他们都认为个体行为在一定程度上受到有关的社会网络的影响。人们会根据关系的强弱，对自己在日常生活中的行为做出调整，从而调适不同的交往对象间的情感程度。

社会网络理论在解释社会现象时有其独特之处，在评价一个人及其行动时，从多元的角度综合评估，强调行为动机的混合性，个体行为的动机不仅是基于纯粹自我利益的理性选择，还包括了信任下的合作和对权力的顺服。[②]圈子中的人根据利益、合作、信任、权力等

① 李梦楠、贾振全：《社会网络理论的发展及研究进展述评》，载《中国管理信息化》，2014年，第3期。

② Granovetter, Mark S., "Coase Encounters and Formal Models: Taking Gibbons Seriously," Administrative Science Quarterly, No.1,1999.

因素做出的选择，往往与短期个人利益相悖，而更符合其在圈子中的长期收益。有学者认为，在某个特定的社会空间中，社会行动者的行动、身份、情感与其遵循的行动规范，一方面源自个体的私人关系和历史经历，另一方面源自个体所处的社会关系网络的整体结构。[①]

智能媒体中的强关系，具有双向互动性，且互动程度高，内容深入私人领域，伴随情感交流，而隐私信息无疑是这种交流的重要介质。强关系中的人一般有着类似的社交网络，社会关系可能存在一定程度的重叠，交往中比较轻松、自由、警惕性低，需要通过情感因素来维系人际关系。强关系互动属于深层次互动，一般互动的双方已经建立起长期的交往关系，彼此信赖，这种关系并不会因为时间流逝而消失。强关系媒体中的互动往往伴随大量隐私信息，人们对隐私边界的控制比较灵活。微信是典型的强关系媒体，微信好友大多数是现实生活中已经认识的人，或者是在微信群中认识的新的好友，因此人们对大部分微信好友都是比较信任的。如果某一个微信好友并不是现实生活中认识的人，并且在社交关系上没有交叉，人们往往对其信任度低，那么即使在微信中成为好友，也可能被划分为朋友圈内容"不可见"的群组中。由于对朋友圈里的人比较信任，人们在朋友圈中的隐私边界管理并不十分严格。微信朋友圈是一个自我呈现的绝佳平台，人们不仅在朋友圈分享包含想法、情感的文字，也在这里分享自己的照片、视频、所在地理位置，甚至在微信朋友圈分享自己的支付宝年度账单等非常隐秘的信息。

智媒时代中的弱关系虽然同样具有双向互动的特征，且有的时

---

① 李志超、罗家德：《中国人的社会行为与关系网络特质——一个社会网的观点》，载《社会科学战线》，2010年，第1期。

候互动程度较高，但互动过程中一般较少涉及隐私话题。网络交往中弱关系主要充当"信息桥"的作用，所以在弱关系形成之初，互动双方彼此陌生。交往目的主要是建立关系（如朋友、同事、同学等）。这种关系双方更多交换的是比较透明、公开的个人信息。在未来发展中，弱关系可能会一直维持原状，也有可能向强关系转化。当然，基于网络交往中的匿名性（尽管只是形式上的匿名性），也有弱关系双方会彼此深度分享隐私信息的情况发生，但这往往只是少数个案。

强关系和弱关系形成以后，会产生传统媒体时代圈子成员交往的特征，即在强关系中更多披露隐私信息而在弱关系中保持戒心。但是，关系的强弱也会发生变化，强弱关系反向运行的情况在网络关系中频繁发生。而这种转变则对传统媒体时代形成的对隐私边界的认知带来冲击——由于边界渗透、变化、消融，过往试图通过边界区隔保护隐私的做法面临挑战。

三、圈子加剧隐私泄露的风险

智能即时通信工具的广泛应用影响着社会交往的发展趋势。媒介技术拓展了传统圈子的存在形式和类型，形成了一个以互联网平台为依托、社会关系为内核的互联网圈子，更提供了一个数据采集、整理和分析的平台。这个平台的形成对公开隐私产生着重大的影响作用。

（一）人情交换网络化：扩展私人空间

智媒平台为人情交换提供便利条件。人情交换居于中国圈子社交的核心地位，它无法用金钱来衡量，暗含了一种特殊的关系。身处于群体、组织中的人因为人情而联结在一起，人情是"社会交往中的润滑剂"。人情包含了三种意义：一是人的情感和心理状态。二是人与人之间的社会互动和资源交换，通过信息交换实现。三是人们的交往准则，是容纳交往行为的大环境。传统媒体时代，人情交换依赖于实实在在的信件、物品，讯息交换容易被人看见，如果需要保持私密性则需要借助一个时间段和某个空间来完成。媒介技术影响下，依托网络就能完成人情交换，打破了时空的界限，人情交换的私密性大大提高。网络化的人情交换有着很强的交互性，可承载巨大的信息量，产生了一种基于圈子的新型的传播模式。互联网圈子营造了一个新的交往环境，人们在圈子内表露自我的心情和状态，同他人互动并进行资源交换，并在不同圈子间游走。传统社会中，圈子之间的界限泾渭分明，一个人很难走入他人的圈子。但是，自媒体时代的圈子富有伸缩性，仅仅通过分享群聊、链接就能实现跨圈层互动。

圈子扩展私人空间。媒介技术提供了安宁的私人空间。随着通讯、交通事业的发展和城市化的推进，信息、能源、资本、劳动力构成了一个网状的整体。偷听他人交谈、擅自闯入他人的私人空间等现象频频出现，私密的人际交往难以实现。在这种情况下，一方面，媒介技术催生了新的交往方式——网络媒介交往。真实存在的空间不再是人们交往的必要条件，有时只需要对方的微信号，就可以实现人情交换。另一方面，互联网在一定程度上为人们提供了一个私人的、不被人知晓的个人空间，为人们存放个人信息提供了可能。物理空间的环境、同伴难以控制，而在网络空间中，人们根据需要选择环境。在过去，日记代表隐私，如何将日记藏好却是一个难题。现在，人们能够在博客中记录心情、分享照片，通过设置分享范围、与他人互动时，也可以在不同圈子中塑造个人形象，达成自己的目的。网络信息泛滥成灾，人们在忧虑的同时，也存在侥幸心理，希望自己的信息隐匿在海量信息中，不被人找到。人们欣喜地发现，媒介技术扩展了自己的私人空间，在此空间中的社会互动、资源交换可以秘密地进行，个人隐私权得到保护。但是，网络空间是一个复杂的空间，在这个虚拟的空间中，公共领域实际上已经完全覆盖了私人领域，这意味着在传统媒体时代圈子间清晰的边界，在智媒时代则被关系间模糊不清的边界所取代。作为一种重要人格权利的隐私，也在这种边界渗透交融的背景下面临困境。具体而言，随着大数据技术的发展，被数字化方式传播的人们的情感交流内容，可以非常方便地被大数据控制，形成"整合型隐私"，[①]而这种整合型隐私极易被控制和泄露。

隐私权是公民的基本权利之一，法律保护个人隐私和私人空间不受侵犯。目前学界对智媒时代的隐私权的定义不一，国外理论中有"信息说""接触说""综合说"等。信息说侧重个人信息的保护；接触说强调个人有权控制他人对其接触；[②]综合说关注个人对其私人领域的控制状态，包括是否允许他人对其本人或个人信息进行亲密的接触的决定和自我私人事务的决定。[③]无论是哪一种理论，都表明私人信息、人情交往、秘密接触广受关注。媒介技术使人情交换受到网络私人空间的保护，交换双方得以将"人情账"放在私人空间之内，扩展了交往空间。中国人擅长在社会互动中不断地交换人情，使得私人空间的范围扩大，以此扩展自己的小圈子，获得更具实用价值的熟人关系。

---

① 顾理平：《整合型隐私：大数据时代隐私的新类型》，载《南京社会科学》，2020年，第4期。

② 张新宝：《隐私权的法律保护》，群众出版社1997年版，第11页。

③ 王利明、杨立新主编：《人格权与新闻侵权》，中国方正出版社1995年版，第410页。

（二）动态的边界：资源的不等价交换

中国人擅长在社会交往中发展社交圈子，交往中伴随资源的流动和边界的限制。费孝通在阐述血缘和地缘时提出，乡土社会中不断发生着"细胞分裂"，一个人口在繁殖中的血缘社群，繁殖到一定程度，他们不能在一定地域上集居了，那是因为这社群所需的土地面积，因人口繁殖，也得不断扩大。为了拉近住所和工作地点的距离，提高工作、生活效率，社群只得区位上分裂。①在传统中国乡村，以血缘来维持社会结构的稳定，身份是交往的前提。如果分裂并发展成了新的村子，这个村子往往与原来的村子高度相似，在社交规则、文化、习俗上一脉相承。然而事实上，大多数分出去的人并不能形成新的村子，而是插入了其他村子，在风俗习惯等方面保留一定的"外村人"特点，难以真正融入新的村子。

契约和理性是资源交换的核心。媒介技术的发展打破了固定的社群，地缘关系更具有社会价值。在互联网时代，血缘难以平衡复杂的人际关系，需要更简单直接的契约精神来指引人情往来。费孝通认为，地缘是契约社会的基础，契约是规定了陌生人的行动准则，契约清算了成员的权利和义务，来自于精确的计算，准确的单位和可靠的媒介。②圈子是通过网络媒介，由一群具有共同目的和联系的个体组成的社会网络，为人们自由表达观点和意见提供了平台。茫茫世界之大，每个圈子都有一定的边界和准入门槛。从表面看，人们进入圈子并与成员互动，获得正面评价以维持社会关系，是一种等价交换。③

---

① 费孝通：《乡土中国》，人民出版社2008年版，第44页。
② 费孝通：《乡土中国》，人民出版社2008年版，第46页。
③ Francis L. K. Hsu, Americans and Chinese: Passage to Differences, Honolulu: University of Hawaii Press, 1981, p. 56.

翟学伟认为，国人对圈内人要讲究"均分法则"，有资源都要分享、平均分配。[①]但实际上，平均分配流于表面，社会交往是资源和利益的不等价交换。互联网时代，人们不再囿于血缘和地缘，圈层间的人情交换建立在利益的基础上，既面向熟人也容纳陌生人。当一方占有另一方需要的资源，他们可能经由朋友的圈子间接地联系，以交换的形式获得资源。由于资源的特殊性，双方的付出往往是不对等的。此时交换双方的付出是不能用价值来比较的，但是都符合各自的利益追求。

边界的打破导致隐私面临威胁。智媒平台将人们联系在一起，陌生人可能会发生交换关系，但是形成圈子一定需要依托一定的人情交换。人们进入陌生的圈子，必须通过双方相识的中介者，一步步将人情送出去，把事情办妥。中介者握有双方信息，他在双方心中有一定的地位，双方都理应回报他。从送人情到回报的过程中，伴随大量的信息流动。互联网空间聚集海量信息，公民隐私也在信息的传播中受到威胁，而现有的法律和行业规则不足以平衡飞速发展的技术，导致隐私伤害持续扩大。圈子中的身份、权利、自我表露无不暴露着个人隐私，这些流动的信息无疑包含了大量的个人隐私。隐私本身的价值可能并不大，但是将隐私放入互联网圈子中就展现了一定的社会价值。面对国家权力机关和互联网服务提供者的信息收集，人们保护个人信息的能力微小，甚至可以忽略不计，很多时候圈子成员根本没意识到个人数据是如何被利用的。伴随这种状态的持续，现代人的隐私"无处安放"。

---

① 翟学伟：《人情、面子与权力的再生产——情理社会中的社会交换方式》，载《社会学研究》，2004年，第5期。

第二节　隐私作为一种媒介

一、用户的选择性凝聚

智媒生活呈现出"碎片化"趋势。数量巨大、内容分散的信息被传播开来，受众分散成不同需求的群体，表现出碎片化的消费需要与媒介接触。圈子为碎片化受众再度凝聚提供平台，碎片化信息本身的价值比较小，人们带着某种需求去浏览当日发布的信息，并出于个人需求筛选信息。当信息被分享到某个圈子中，这条信息对分散的个人起到了一种联结作用，具备了一定的社会价值。联结关系依赖于个体的社会属性（包括阶层认证、身份认同、物质水平、消费水准）、信息需求和媒介接触等方面的相关性。从这个角度来说，原先分散的个体实现了一定程度上的凝聚。[①]与圈子中其他人互动之前，个体的社会属性需要通过自我表露、他人互动来展现，个人信息越多，越有可能在与他人深层接触的过程中，暴露自己和群体的隐私。网络媒介中通过各种方式暴露他人和群体隐私的现象非常常见。

物以类聚，人以群分。个体通过参加社会生活进入目标圈子，在圈子中拓展社交关系，获得精神支持。根据圈内成员的关系远近，我们可以将互联网圈子分为亲密圈子和普通圈子。亲密圈子由为数不多的个体构成，个体之间的关系直接、亲密，圈子就能够维持较长的

---

① 朱天、张诚：《概念、形态、影响：当下中国互联网媒介平台上的圈子传播现象解析》，载《四川大学学报（哲学社会科学版）》，2014年，第6期。

时间。普通圈子由一些相互之间联系较少的人组成，这些人凝聚到一起往往是为了某种具体的、短期的目的，圈子成员之间的交往十分有限，他们只是根据各自的目的来联系他人。一个圈子是亲密圈子还是普通圈子，取决于其成员之间的关系和圈子内流通信息的级别。亲密圈子和普通圈子之间能够相互转化，普通圈子的成员在更直接的自我表露和更密切的接触之后，可能将圈子升级为亲密圈子。升级之后，圈内流通的信息数量多、质量高，直接或间接地展现成员的个人私事、私人空间，往往能够形成圈子内部的隐私，这些隐私在圈内是公开的事情，但也是不方便为圈外人所知晓的。

阿尔特曼将隐私界定为一种选择性控制的观念和机制，是隐私主体防范外界接触和干扰的一种自我保护，隐私保护分为个体隐私和群体隐私两种，二者共存。[1]张新宝认为，共同隐私是指群体的私人生活空间不受其他人的非法干扰，群体内部的私生活信息不受他人非法收集、获取和发布，即便是群体成员公开群体共同的秘密也受到一些规则的限制。[2]人们在不同环境中有不同的心理和行为。德国心理学家勒温开创了团体动力学说，他认为个体和他的情境构成了心理场，团体和团体的情境就构成了社会场，团体的行为主要由团体的社会场中各区域的相互关系所决定。人们生活在不同的圈子中，受圈子影响扮演着不同的角色，表露出特定的信息。如果离开圈子，处在一个透明的、公开的环境下，他们不会有这些特定的言谈举止。这表明，有时候人们不愿意将圈子内人尽皆知的事情公开到圈子之外，圈子成员之间形成了共同隐私。互联网时代，圈子成员可以通过拍照、截屏、

---

① 张新宝：《隐私权的法律保护》，群众出版社1997年版，第205页。
② 张新宝：《隐私权的法律保护》，群众出版社1997年版，第206页。

转发等方式轻松实现共同隐私的获取和传播，未经圈内其他成员知晓、许可就传播他人隐私的情况时有发生。无论圈子成员之间是什么样的关系，私自披露其他成员隐私或者共同隐私的行为，都对他人的隐私造成了侵犯。

二、信息的生产和传播机制

媒介技术的发展改变了社会的传播结构，圈子具有信息多元生产、定向扩散的特点，影响着线上线下信息的传播模式。圈子的发展使信息生产及流通的路径更加丰富多样，也使得信息解读与把关的模式更具深度，不断更新着现有的信息传播模式。

信息生产的多元化趋势。传播学奠基人之一拉扎斯菲尔德提出，大众传播媒介能够赋予社会地位。通过加强对社会现象的报道，使其进入广大受众的视野中，并提高其社会声誉和地位，获得受众的认可。在传统媒体时代，专业媒体占据主导地位。通过专业的信息采集、筛选，将信息传递至社会大众，并反过来获取受众的反馈，从而引导社会主流思潮和价值观念。智媒时代，社交媒体的崛起和移动终端的普及，推动着广大用户都参与到信息的生产和传播中来，公共领域和私人领域部分重叠，这导致公共意见变得更为多元，公共讨论与个人隐私难以分离。在这种更自由的传受关系中，每个人都可以成为信息的传播者，也可以自主选择和收听其他传播者，形成了带有偏好性的信息生产，丰富了信息的来源。有学者在研究新媒体对社会分层的影响时指出："微博、网络论坛等新媒体平台，使不同阶层、不同社会地位的人群之间产生更广泛的对话，彼此做出反馈。"[1]这意味

① 刘左元、李林英：《新媒体打破了以往社会分层的对话机制和模式》，载《新闻记者》，2012年，第4期。

着传播者的话语、信息有机会传播到几乎任何层级、偏好、群体的受众中，受众也可以通过社交媒体与传播者互动。看起来传受关系比以往更加自由、更容易相互转化。但是实际上，传受关系并不是完全自由、任意的，而是具有一种"层级相近性"，[①]展现出传播的信息偏好，围绕所在的社交圈子发挥作用。传播者所处的领域、地位决定了他吸引到具有一定相似度的受众，受众也更倾向于选择与自己社会角色、价值取向相似的传播者，形成一个传播通路。

信息披露和传播的过程中，传统"把关人"对信息流向的控制能力被削弱，算法对内容推送的"把关"的能力增强。库尔特·卢因提出了"把关人"理论，在群体传播中，信息流通是在一些包含"门区"的路径中进行的，在这些路径中存在着信息的把关人，只有符合群体规范或者把关人价值准则的信息才能传播给其他人。[②]在信息传播过程中"把关人"是一种普遍存在的现象，起到疏导和抑制信息传播的作用，能够在关键时刻终止不良信息的传递。在传统社会，有地位、有话语权的长者往往是其所在圈子的把关人。新媒体时代，网络传播的速率和信息容量导致把关难度加大。网络的交互性传播导致昔日的"把关人"失去了信息传播中的控制力，传播者和受众之间的界限模糊，传统"把关人"的角色被弱化。互联网圈子作用于信息的扩散能力，形成了路径扩散性的传播模式，一条重要的信息能够裂变式地从一个圈子迅速传播到多个圈子。人们可能出于某种目的，将他人的隐私信息迅速传播到不同的圈子和社交平台中。隐私是人们不愿为

---

① 徐翔：《社交媒体传播中的"影响力圈层"效应——基于媒体样本的实证挖掘与分析》，载《同济大学学报（社会科学版）》，2017年，第6期。
② 陈薇：《博客现象在新时代下的传播意义》，载《科技传播》，2009年，第2期。

他人所知的信息，虽然政府和互联网服务提供者已经制定了隐私保护方案，但是隐私信息难以识别和控制，隐私侵犯事件时有发生。人们常说，伤害你最深的，往往是你最亲近的人。最亲近的人了解我们的个人信息、社会关系、情绪取向等，这些隐私信息一旦传播到网络上，引起网民的关注，后果不堪设想。人肉搜索就是利用社交媒体，通过多个圈子作为中介寻找到目标。一人提问、八方援助，通过扩散式的传播找到目标的隐私信息，并将其公之于众，从而形成一石激起千层浪的传播效应。

算法对信息进行"把关"的能力增强。智媒时代的信息审核一般是先算法审核，再人工审核。算法审核不仅能够快速过滤不良信息，还能通过海量用户信息的抓取、分析来判断哪些信息是用户感兴趣的信息，并推动这些信息快速扩散。算法推动是指通过大量数据的分析，推测出用户可能感兴趣的内容，并将这些内容推送给用户。2013年谷歌浏览器在算法的基础上推出了个性化搜索，谷歌上呈现的用户对某一内容的搜索结果的排序，受到用户的地理位置、搜索记录、谷歌账号等因素的影响。谷歌记录了用户的历史搜索记录、对不同搜索结果的点击情况，为用户建立个性化档案，在用户下一次搜索时为其定制搜索结果。我国媒体平台中的算法推送来自"今日头条"，用户的点击、阅读时长、点赞和评论都成了被量化的内容。

在算法推送中，建立数据特征是一个重要的环节，今日头条将众多特征分为四类：相关性特征、环境特征、热度特征和协同特征。相关性特征是评估内容与用户是否匹配，对相关性特征的评估，相关性特征的匹配可能会导致用户的个人数据被频繁抓取和分析，经过分析、整合后的个人数据可能会成为可识别数据。环境特征主要是指时间和地理位置。热度特征是指内容的热度，为用户推送热点话题和热点内容，当系统中没有目标用户的个人数据时，往往会为其推送大多数人普遍感兴趣的话题，比如为游客身份登录平台的用户推送阅读量第一的文章。协同特征用以解决算法推送内容范围越来越窄的问题，通过分析不同用户的相似关注点，预测用户可能感兴趣的内容。人们愿意去阅读与自己持有相同态度、观点的内容，满足自己的内心需求，算法推送使人们更快地找到自己想看的内容。但是，算法的把关容易造成"信息茧房"，也更容易导致隐私信息泄露。算法推送提前预判了用户想看的内容，并将这一类信息推送给受众，这强化了用户心中原有的观点，而与用户观点相冲突的内容则被过滤。为了预判用户想看的内容，智媒平台需要大量收集用户信息，从用户的性别、年龄、地理位置，到用户的生活习惯、性格与喜好，这些信息可能包含敏感信息。当这些信息被组合在一起时，可能出现用户的可识别信息，威胁用户的隐私安全。

算法推送的前提是海量个人数据的获取与分析，当人们使用算法推送应用时，可能会惊叹于算法对自己喜好的精准把握。虽然人们在使用智媒平台前已经阅读并同意了隐私政策，但是在媒介使用中，人们对智媒平台如何获取个人数据、怎么样处理和利用个人数据知之甚少。算法推送导致公私的边界更加模糊，人们往往在休息时间阅读智媒平台推送的内容，此时人们处于一种不设防的状态，对隐私信息可能面临的风险并不敏感。而算法平台频繁的数据抓取行为令人质疑，个人数据收集的边界在哪里？在传统媒体时代，用户的隐私信息主要在人与人之间流动，私人生活的边界较为清晰。而在智媒时代，隐私信息不仅在人与人之间流动，也在人与机器之间流动。算法平台在一定程度上决定了哪些人可以访问数据，哪些人数据会被分析。算法平台拥有对数据的控制能力，但是这种控制难以被用户知晓。在很多情况下，用户难以分辨自己获得的信息与算法平台的操控是否有关系。

大数据计算过程具有不可见性。在人与人的交往中，隐私信息的交换是显而易见的，人们能清楚地感知到交谈对象正在披露隐私信息，并据此调整自己隐私披露的边界。而在智媒时代，人际交互过程是隐形的，人们并不十分清楚自己具体在何时何地何种情况下，向算法平台披露了自己的隐私信息。人们只会发现，算法推送的内容更加精准。人们为了获得更优质的服务而向算法平台让渡了部分隐私，算法平台借助这些隐私信息在人机交互的过程中占据了更加优势的地位。但是，人们难以约束算法平台对个人数据的处理和利用。工信部从2020年起多次发布《关于侵害用户权益行为的App通报》，在通报的违规App中，涉及最多的问题就是违规收集和使用个人信息。

第三节　利益权衡：隐私态度与行为动机

一、态度的形成：隐私顾虑的限制

个性化服务以大量数据为基础，尤其是需要用户的隐私信息。然而，隐私顾虑会导致用户拒绝提供个人信息、抵制使用创新的个性化服务。西方学者用"隐私顾虑"的概念来测量用户对隐私的态度。隐私顾虑是一种与隐私泄露和隐私侵害相关联的一系列特殊的信息意识和感知。[①]针对不同的情境，个人对隐私交换产生不同的主观感受，并采取相应的态度，体现个人对隐私的选择性控制和保护。隐私顾虑受到个人经历、生活环境的影响，也与个人所处的文化背景、社会环境息息相关。网络隐私顾虑是阻碍网络用户披露个人隐私的重要影响因素，较高的网络隐私顾虑会对信息展示意愿和隐私披露行为产生不利影响。由于隐私是与情境相关联的动态概念，情境的变化会影响用户对隐私的态度。网络隐私顾虑形成的原因包括个人因素、平台因素和情境因素三方面。个人因素包括用户个性特征、用户感知及态度对隐私顾虑的影响。平台因素是指由于平台自身的原因导致用户较高或较低的隐私顾虑，网络平台良好的声誉和清楚易懂的隐私政策能够降低用户的隐私顾虑程度。情境因素是指用户所处的社会环境对其隐私态度的影响，包括社会隐私观念、政府的隐私政策等。

隐私顾虑与信息差异有关。个体在提供信息时的敏感程度，很大程度上取决于要提供信息的类型。显而易见，能够单独或者与其他信息结合识别个体身份或者反映个体活动情况的信息最能引起个体的关注和保护。与个人生命、财产安全紧密相关的信息敏感程度较高，比如，当人们需要提供医疗信息和财务信息时，人们的隐私顾虑较明显，因为这类信息一旦泄露可能会给人们带来人身安全和财产安全损失。而对与个人兴趣喜好相关的行为信息或者消费记录的敏感性较低，比如购物偏好和健身信息。

隐私顾虑与个体差异。个体差异主要体现在用户的性别、年龄、受教育程度等人口统计学差异和用户的性格特征，以及互联网熟悉程

① Campbell J E, Carlson M. Panopticon. com: Online Surveillance and the Commodification of Privacy [J]. Journal of Broadcasting & Electronic Media, 2002, 46 (4): 586-606.

度、隐私意识。国外学者较为关注用户在人口统计学上的差异对隐私顾虑的影响。比如，"女性的隐私关注程度普遍高于男性"[①] "男性更倾向于提供虚假信息以保护隐私，但对诸如健身等服务活动，男性给出的信息保真度很高"[②]。大五人格模式（BIG5）是流行于西方国家的人格理论框架，根据责任心、外倾性、宜人性、情绪稳定性、经验开放性五个因素，能够预判出不同情境中个人的行为选择。隐私顾虑与用户人格关系密切，宜人性是衡量能否与他人和睦相处、相互协作的指标，具有这种性格因素的用户关注隐私。情绪稳定性低的用户可能因为一时冲动而忽略隐私顾虑、泄露隐私。经验开放性决定了用户的经验和想象力对隐私顾虑的影响程度。

隐私顾虑与信任差异。顾虑不仅取决于用户自身的状态，还与用户所处的环境息息相关。用户对环境的信任影响着用户的隐私关注，进而形成了不同的隐私顾虑。在网站的使用中，用户对不同安全程度的网站有着不同的敏感度，进而激发出不同的隐私顾虑。研究者发现"用户对网络平台的信任会减弱人们的隐私关注，从而影响到用户的网络购物行为"。[③]因此，为了降低用户的隐私顾虑、激发用户的参与和分享行为，越来越多的网站以隐私声明、隐私保护政策来赢得用户的信任。

① Chen Xiaogang, Ma Jing, Jin Jiafei, et al. Information privacy, gender differences, and intrinsic motivation in the workplace[J]. International Journal of Information Management, 2013, 33(6)：917-926.

② Chen K C, Rea Jr A L. Protecting personal information online: A survey of user privacy concerns and control techniques [J]. Jour-nal of Computer Information Systems, 2004, 44(4)：85-92.

③ Bélanger F, Hiller J S, Smith W J. Trustworthiness in electronic commerce: The role of privacy, security, and site attributes[J]. The Journal of Strategic Information Systems, 2002, 11(3)：245-270.

二、行为的选择：隐私披露的社会价值

自我披露来源于心理学研究，美国人本主义心理学家西尼·朱拉德在《透明的自我》一书中将自我披露界定为：坦诚地与他人分享私人经历、感想、观念的过程。[①]新媒体时代自我表露的内容更加多元，方式更常见于社交媒体，自我表露的对象更加复杂。

满足信息需要。自我披露带来了圈子内外的知识共享，满足人们的信息和娱乐需求。根据主体的主动性，自我披露可以分为被动消费和主动参与内容生产两种形式。被动的消费行为包括网络用户浏览社交网站、使用搜索引擎查询信息、通过物联网网购货品、观看网络电视节目满足自我娱乐需求等。主动参与内容的行为表现为：在社交媒体账号上发布言论感想来影响公共舆论，通过发布微信公众号文章启迪他人。在自我披露的过程中，人们运用自己的知识，总结经历、提炼出人生经验和感想，过程中既提升技巧和能力，又完成了智力挑战，获得了心理上的满足。社交网站既提供娱乐方式，也提供学习和提升的资源。浏览社交网站满足了用户的情感需要，使其暂时脱离现实生活环境而放松下来。而隐私披露者在生产内容的同时，获得粉丝与关注，实现心理满足。此外，社交网站还能满足用户的求知欲，有研究者在社交网站上发布学术研究活动，采访目标对象，与感兴趣的受众互动，十分便捷地获取并分发研究所需的第一手资料。

维持社会关系。自我披露是一个向他人展现自我的过程，它和隐私控制相关，用户在不同情境中尝试不同水平的自我披露，其中一个重要的目的就是社会关系的发展和维持。例如，在一些关系性较低的

---

① 蒋索、周泓、胡茜：《国外自我表露研究述评》，载《心理科学进展》，2008年，第1期。

场合中，人们会根据情况展示自己的衣着、性别等信息，且只会向最亲近的人公开自己的秘密。某种意义上，人们通过自我披露信息的数量和质量控制着与他人关系的亲疏。对此，布鲁塞尔自由大学法学教授米雷列·希尔德布兰德认为，从根本上说，隐私是关系性的。虽然隐私属于个人，但与社会关系密切相关。[①]哥伦比亚大学公法学教授艾伦·弗曼·韦斯廷在《隐私与自由》一书中论及隐私对个人和集体的四种功能，其一是"限制和保护交流"，隐私为共享秘密和亲密关系的维持提供可能。[②]社会心理学家欧文·奥尔特曼将隐私界定为一种对自己及其群体的接近性的选择性控制。[③]根据奥尔特曼的观点，对隐私的调整就是一个动态的最优过程，在这个过程中，自我披露与隐私控制、关系维持联系起来。通过控制公开，个人掌控着亲密程度以及隐私状态。而这种控制之所以是可能的，是因为自我披露有深度和广度上的差别。个人信息有不同的层次，其形状犹如一个洋葱。自我披露的广度和深度意味着信息的数量和质量，广度意指公开了多少信息，信息质量意指信息的层次和深度。最核心的部分包含着更深的人格特征。而呈现在表层的是较为浅显一些的人格特征。正是由于个人信息有不同类型，因此依靠信息分享调整人际关系才成为可能。通过控制披露，个人掌控着关系中的亲密性。在调解的过程中，人们让自己向他人不同程度地公开或接近。为了把握这种公开程度以控制社会关系，人们需要对隐私的边界进行管理。

① Hildebrandt M. "Privacy and identity," quoted in: Claes E, Duff A, Gutwirth S (eds), Privacy and the criminal law, Antwerp-Oxford: Intersentia, 2006, pp. 43 - 57.

② Westin A., Privacy and freedom, New York: Atheneum, 1970, pp. 32 - 39.

③ Altman I., The environment and social behavior. Privacy, personal space, territory, Monterey: Cole Publishing Company, 1975, p. 18.

获取社会资本。法国社会学家皮埃尔·布迪厄认为，"社会资本"是一种资源，它是在具体交往情境中由个人的社会关系积累而成。[①]从本质上说，社会资本是人的社会关系所带来的好处，"在自我信息披露和社会化资本之间存在着相关关系"，[②]生活中人们与好友的来往能够带来巨大的社会资本，这就是自我披露与社会交往的好处。Meta数据科学团队的莫伊拉·伯克等人发现，Meta的活跃用户能够获得更多的社会资本和其他好处。[③]他们将那些浏览好友的主页但不暴露自己个人信息的用户归为网络使用的"消费模式"，这部分用户是隐身访问者，他们以隐身方式浏览其他用户的在线信息，默默关注着所有人而不留痕迹。这种网络互动方式没有给隐身访问者带来更高程度的社会资本，而带来了更多的孤独感。与此相反，经常披露个人信息并与好友交流的用户的总体幸福感更高，往往能获得更多的社会关系支持。

建构个人形象。用户在使用媒体之前，往往会被要求创建一个包含用户信息的个人简介，它提供如下信息，一般包括出生年月、情感状况、形象样貌、个人喜好等。这些信息是用户之间相互了解的前提，也帮助网站收集更多的个人信息，在此基础上进行个性化推送服务。通过这类个人简介，用户建构和管理着自我形象。在网络时代，用户的个人主页甚至比当面交流能够获得更详细的用户信息和更生动

---

① Pierre Bourdieu, "The forms of capital," quoted in: Granovetter M.Swedberg R (eds), The sociology of economic life, 2nd edn, Boulder: Westview Press, 2001, pp.96–111.

② 李兵、展江：《英语学界社交媒体"隐私悖论"研究》，载《新闻与传播研究》，2017年，第4期。

③ Burke, M., Marlow, C., & Lento, T., "Social network activity and social well-being," International Conference on Human Factors in Computing Systems, CHI 2010, Atlanta, Georgia, Usa, April DBLP, vol. 93, pp. 1909–1912.

的个人形象。人们用这种方式展示真实的自我，标榜个性与追求，社交媒体引起了人们自我展示的狂潮，以此获得同伴的尊重和支持。加州大学欧文分校信息系教授、人类学家邦尼·纳迪等人研究发现，在社交网站上生产内容是一种表达方式，写博客能够抒发个人感情或观点，用户积极地管理着他们的在线形象。

掩藏与袒露：
集体窥视培育隐私文化

人类社会早期，人们以部落为单位聚居。面对自然的生存压力，聚居便于从事集体劳动和抵御野兽的攻击，确保顺利生存。在这个过程中，捕食和生存繁衍占用大量时间。受限于生产力水平低下，基本的生存需求难以满足，人们衣不蔽体。随着生存环境的改善和演化，人们产生了遮羞意识，逐渐穿上了衣服，但是其他灵长类动物仍然裸露着身体。遮羞意识区别了人类与其他灵长类动物，它与生产力的发展和文明进程有关，既是文明社会对个体的要求，也伴随着个体适应社会的结果——自我意识的觉醒而产生。人类不仅感知到自己的身体状态，也感知到自身的思维、情感、意志等心理活动，自我意识的发展标志人类的社会化。从自然人到社会人的转变中，社会普遍认可的行为规范与道德准则内化为个人的行为标准，这是社会交往的前提。刚出生的婴儿，在生理上具备人类特征，由于婴儿缺少社会文化的熏陶，难以遵守社会准则，依赖身体语言与外界交流，他们并不是具备社会学意义的"社会人"。当他们意识到自己与外部环境的关系，产生自尊心和自我保护意识，才有可能成为真正的"社会人"。

"社会人"是指在社会活动中，形成完善的自我观念的个人。他们既能够认识到自己存在的状态、与他人的关系，又能将外在的主流价值观念内化于自我价值判断中，以社会规范指导行为，并且在社会结构中扮演相应的角色，承担应有的权利和义务。人的社会化依赖于社会生活条件和社会实践活动，大众传播在这个过程中扮演了重要的角色。大众传播了解并适应社会环境变化，以多种方式协调社会各组成部分，维持和谐的社会关系，这便是传播的环境监测和社会协调功能。[①]大众传播的内容包括社会生产方式、政治和法律制度、社会规范、价值信仰等，潜移默化地将具有时代特征的文化嵌入传播内容，流行的价值规范和道德准则也随之深入人心。媒介接触往往伴随着社会教化，规训着媒介使用者。互联网将个人的生活状态数字化，网民以"数字化形象"进行交往，现实生活中不认识的人也能通过网络联结在一起。智媒化趋势则更进一步地推动了人与机器联结、媒介的自我进化，这在一方面推动了传媒业态的发展，使新闻的生产、传播和反馈系统之间有更频繁而多样的互动；另一方面，万物皆媒、人机合一的趋势正在改变现代人对媒介的看法，社会生活的方方面面都离不开智能媒介。与此同时，传播的"去中心化"使更多人将目光聚焦单个个体。

第一节　隐私的暗喻——新的道德观

现代社会对待裸露已经形成共识。原始人裸露身体是一种自然的状态，但在大多数情况中，裸露身体是不被现代社会允许的。婴幼儿穿开裆裤，随意裸露着身体，他们少有遮蔽身体的意识。成年人裸奔则被视为闹事行为，这种行为可能让旁观者蒙羞，违背了社会公序良俗，也是被相应法规禁止的行为。对待裸露的不同态度，折射着人类的自我认知与社会观念，暗含了一种被大多数人所赞同的遮羞意识，

① 拉斯韦尔，何道宽译：《传播在社会中的结构与功能》，中国传媒大学出版社2013年版。

与隐私观念息息相关。遮羞，即遮住不想被人看到的地方，最初指遮蔽身体的隐私部位。随着社会发展，遮羞意识深入文化基因，也包括令人感到羞耻的事情。中国人说"家丑不可外扬"，就是以家族为单位，形成半闭合的信息管理体系，共同管理私密信息，对内保持家庭的秩序与稳定，对外维护家族的神秘感。隐私意识体现了人类对其自身生存状态的一种管理，"家丑不可外扬"是发生某一事件时，家人在情感与价值判断后的共同选择，这个选择将家庭与其他群体区别开来，与更大意义上的"集体"区别开来。在管理私密信息的过程中，人们建立起亲疏有别的社会关系。随着文明进步与遮羞心理的发展，隐私意识逐渐产生，并形成一定的隐私观念，人们在思想上构筑起私生活防护体系。隐私观念存在的基础是什么？为什么现代人非常重视隐私保护？这些问题引导我们去追寻隐私背后的深刻价值意蕴。

一、羞耻心与隐私

羞耻是人类特有的情感，是人们对自己的行为、思想、人格的自我评价，它来自于人类自我意识中的价值冲突，自我的独立性是羞耻的前提之一。在现代汉语中，羞耻的意思是羞愧、耻辱，出自《史记·律书》："会吕氏之乱，功臣宗室共不羞耻。"羞耻是古代社会进行道德教化的一种工具，以多数人普遍接受的规约为形式来管理人们的言行与交往。比如，中国古代将女子的耳环称为"羞耻"，左耳环叫"羞"，右耳环叫"耻"，耳环规范了女子走路姿势：古代女子走路时不能晃动脑袋，而应该缓步前行、直视前方，如果女子走路时左顾右盼，那么耳环和耳坠就会碰撞脸颊并发出声响，可见羞耻一词也暗含了规范、束缚之意。现代西方社会存在着一种"羞耻禁忌"：

羞耻虽然无处不在，但不可言说；而且，越是到现代，羞耻及羞耻之事越是被藏于幕后，变得隐而不见。[①]中国与西方社会对羞耻的理解并不一样，西方社会倾向于将羞耻看作一种负面的消极情绪，在他人面前表现出羞耻感意味着个体未能合理地将外界压力处理好，是自尊心受损的表现。中国儒家文化将"知耻近乎勇""好学近乎知""力行近乎仁"放在一起，构成了对知、仁、勇的"三达德"，在他人面前表现出羞耻被视为勇敢。

（一）羞耻心的来源：自我保护的本能

在人类社会早期，羞耻心来自于人类自我保护的本能，主要体现在对居住环境的保护。由于生产力水平低下，聚居既便于集体劳动，又利于抵御野兽的攻击。原始人的劳动协作较为简单，按照性别、年龄进行自然分工，人们在劳动中产生了互助的合作关系，共同占有生产资料。为了抵御野兽的侵袭和免受自然灾害的威胁，原始人居住于山洞中，他们守护居住的山洞，不让野兽进入，也不让其他部落的原始人进入。狭窄的山洞比空旷的荒野更利于抵御野兽的攻击，也能减少因雨雪导致的身体不适。原始社会的生产力水平低下，社会关系简单，虽然原始人已经产生了保护部落的意识，守卫自己的山洞，将本部落的生活空间与其他部落区隔开，在一定程度上保护了私生活，但是这种意识来自人的本能，与隐私意识相去甚远。从原始社会开始，人类已经被纳入了社会生活。

原始社会的山洞与文明社会的房屋都代表着一种"区隔"，将公共区域与私人区域隔开。拉丁文"privatus"意为离开公众生活，它

---

① Scheff, T. J. 2003. "Shame in Self and Society." Symbolic Interaction 26(2).

"代表了明确的区分，属于集体区域的事务需要受公共管辖，而在封闭的家庭社群中，相关事务则由一家之主进行管理"。①这种区隔来源于三类直接的动机：一是人们需要寻找一个私人空间，整理思想和情绪，在身心疲惫都得以释放后再返回公共空间；二是私人空间能够培养亲密关系，进行深入的、私密的交流；三是人们希望自己的思想和行为不被外界侵犯。"privatus"也包含"权利个体"的含义，当人们使用私人概念时，就是在使用一种不与公众分享的内涵。这种不可共享性维护了个体的人格尊严，也是个体参与社会生活的基础。在隐私的演进过程中，人们对住所的遮蔽、保护发挥了重要的作用。隐私权的司法保护萌生于与私人领地相关的权利，早在14世纪初，英国有一个关于私人领地的侵权诉讼，法庭认为屋主有向闯入私人领地者追责的权利。②

随着生存环境的改善和演化，人们产生了羞耻心，逐渐穿上了衣服。从一些流传的故事中可以推断，在公元前人类就有了羞耻心。西方的《圣经》中记载了关于羞耻心的故事，在创世纪初始，亚当和夏娃在蛇的诱惑下偷吃了上帝的智慧之果，萌生了羞耻感，不愿意再赤身裸体地去见上帝，便拿树叶编织裙子遮盖身体的隐私部位。这个故事透露出，人类产生了羞耻心，不希望自己身体的隐私部位被他人窥视，羞耻心被写入《圣经》中。羞耻心是人类从低级生物进化到高级生物的一种本能反应，它区别了人类与其他灵长类动物，它与生产力的发展和文明进程有关，既是文明社会对个体的要求，又伴随着个体

---

① 转引自[英]大卫·文森特，梁余音译：《隐私简史》，中信出版社2020年版，第2页。

② David Gibbons, A Treatise on the Law of Dilapidations and Nuisances (2nd edn, London: John Weale, 1849), p.xxv; C. C. Knowles and P. H, Pitt, The History of Building Regulation in London 1189–1972 (London: Architectural Press, 1972), pp.6–14.

适应社会的结果——自我意识的觉醒而产生。随着人类社会的发展，人们不仅遮蔽自己的身体，也开始防御他人的窥视。夏娃遮盖身体的故事表明，早期社会中的人已经为裸露身体而感到羞耻，羞感普遍存在于社会的不同阶段。

人是社会的动物，人们理想中的自我受到社会文化、价值观念等因素的影响。羞耻心是一种矛盾心理，它与社会文化氛围息息相关，当人们发现现实中的自我与理想中的自我存在冲突时就会感到羞耻。在同一种社会文化中，人们对羞耻的判定标准往往比较接近，但是人们对羞耻心的表达是较为多元的。"在人的精神个体的意义和要求与人的身体需求之间，人的不平衡和不和谐属于羞感产生的基本条件。"①舍勒区分了两种形式的羞：身体之羞与精神之羞。身体之羞是指感官感受与生命感受之间的冲突，人出生时就已经萌发了这种羞感，性羞感是其中最典型的例子，身体之羞是普遍存在的。它可以抑制生物本能的性冲动而将其引向爱欲这种更高级的生命价值。灵魂之羞是指生命感受与心灵感受之间的冲突，敬畏能够使人们摆脱生命的本能冲动而去追求更高级的精神追求，精神之羞要以高尚人格的存在为前提。羞耻心是一种自我保护性的心理状态，受到自我意识、身处情境等因素的影响，人们对羞耻心的表达是社会性的、多元的，在同一种社会文化中生活的人可能会因为类似的事情、境况而感到羞耻，但是人们可能采取多元的方式来表达这种感受。羞耻心也具有同化作用，有时候，如果身边的人都为某事感到羞耻，没有感觉到羞耻的人可能将自己的感受隐藏起来，也可能受到身边人的影响而产生羞耻感，遵

① [德]舍勒：《舍勒选集（上）》，上海三联书店1999年版，第533页。

第三章 掩藏与袒露：集体窥视培育隐私文化

从主流的道德观念，是社会生活中的人保护自己的一种方式。

（二）羞耻感的产生：自我关注与受人关注

独立的自我是羞耻感产生的前提。羞耻感产生的直接原因往往是人们发现了自我与情境之间的某种冲突、矛盾，因此拥有独立意识的个体才能体会到羞耻。自我意识的产生离不开社会互动，当人们身处在某种关系或者情境中，一方面，人们保持着对自我的关注，觉察出自己的状态；另一方面，他人的关注也影响着人们对自己的判断和评价，自我关注与受人关注是羞耻感产生的根源。库利在1902年出版的《人类本性与社会秩序》一书中提出"镜中我"概念：人的行为很大程度上取决于对自我的认识，而这种认识主要是通过与他人的社会互动形成的，他人对自己的评价、态度等，是反映自我的一面"镜子"，个人通过这面"镜子"认识和把握自己。"镜中我"也叫"社会我"，它形成于社会交往和互动。库利认为"镜中我"的形成有三个阶段：首先，我们感觉到我们在他人面前的形象，即感觉阶段；然后，我们领悟了他人对我们的行为的判断，即解释或定义阶段；最后，给予他人反应的理解，我们评价自己的行为。羞耻感产生于这三个阶段之后，即自我观念形成之后。

羞耻与自我分化、自我本身的完整有关。齐美尔认为："在无数的关系中，我们仿佛分离出我们的一部分，这一部分代表着其他人对我们的判断、感觉和意志……我们感到我们在面对自己时，犹如我们历来就感到面对着其他人一样。因此，我们能够觉察出一般由于其他人的注意而在我们身上形成的内心状况，并使我们自己对自己感到羞耻。"[①]羞耻感产生于自我的分化，分化出的双重自我令人不知所

---

① [德]盖奥尔格·西美尔，林荣远译：《社会是如何可能的》，广西师范大学出版社2002年版，第162页。

措、难以适从。"倘若人们想把羞耻感的特别令人难堪的事情分解为一些抽象的概念，那么这种特别令人难堪的事情似乎就存在于自我夸张与自我贬低之间被拉来扯去的状态中""面对自我本身的完整的和规范的理念，自我由于同时出现的缺点而感到被贬低"。[①]显然自我分化的状态、自我的完整性是除了人类之外的其他动物所不具备的。个体既在社会（互动形式）之中，又在社会（互动形式）之外。[②]自我表露和反馈是人们进行社会互动的主要形式，深层次的自我表露往往伴随隐私信息的分享。舍勒认为，因为对羞耻的前瞻性恐惧而避免羞耻，不只是自我的心理动机，而且关涉人的存在意义。羞耻意味着对如何有尊严地生活这一问题的焦虑，关于什么是尊严这个问题，舍勒曾表明："感受到尊严，就是指以外界的评价眼光来看自己——但是按照自己所认识的价值范畴。否则就是'虚荣心'。"[③]"唯有在羞感中，人在宇宙中的独特位置才会如此鲜明和直接地表现出来。"[④]羞感是只有人类才拥有的一种自我感受。

智能媒介联结了人与人、人与物、物与物，智能化机器、物品与人的智能相融合，带来了更加精准的用户分析与匹配、信息传播的泛在化、互动反馈的智能化等。一方面，智媒用户拥有更大的独立性，这种独立性加强了社会对用户本身的关注，也凸显了用户对自己的关注，自我的独立性与对个体的关注使人们更加容易体会到羞耻。另一

① [德]盖奥尔格·西美尔，林荣远译：《社会是如何可能的》，广西师范大学出版社2002年版，第159页。
② Levine, Donald N., Ellwood B. Carter & Eleanor Miller Gorman 1976, "Simmel's Influence on American Sociology." American Journal of Sociology 81(4).
③ [德]舍勒：《舍勒选集（上）》，上海三联书店1999年版，第627页。
④ 张任之：《舍勒的羞感现象学》，载《南京大学学报（哲学·人文科学·社会科学）》，2007年，第5期。

方面，媒介技术的进步使社会交往更加便捷，交往形式更加多样，也使得社会关系更加复杂。在社会交往中，人们更加频繁地体会到自我与社会、情境的冲突与矛盾。部分重叠的社交圈子、动态可变的隐私边界，使人们对复杂的社会关系感到迷惘，对自我的判断较为纠结。但是，身处群体中的个体会因为丧失独立性而难以感觉到羞耻，群体中的人是盲目的、麻木的。现实生活中，人们可能会因为暴露了太多隐私而感到忧虑或是羞耻，但是群体中的人较少因为隐私泄露而感到羞耻，体现了盲目的从众心理。人们已经感受到隐私泄露的风险，却没有停止隐私披露行为，普遍存在的隐私悖论现象反映了现代人的从众心理。

二、掩藏——隐私之于个人的意义

隐私的渊源可溯源至西方提倡的自由、平等、博爱的人文思想。将隐私权作为一种法律权利进行保护，起源于1890年塞缪尔·沃伦和路易斯·布兰代斯在《哈佛法律评论》发表的文章《隐私权》。该文称，尽管没有明确的权利条款，但现有的法学学说和司法判例均不言自明地支持人们享有一种独处而不受干扰的权利。塞缪尔·沃伦和路易斯·布兰代斯论述了"个人独处权利"，[①]其内在逻辑是个人与他人、社会之间是有界限的。表现在权利诉求上，即保护个人的私人生活不被外人介入，私人信息不被他人非法获取、收集和公开。自此，隐私权作为一种不受侵扰的独处权利被美国法律界接受，并有了长足的发展。

---

① 张新宝：《从隐私到个人信息：利益再衡量的理论与制度安排》，载《中国法学》，2015年，第3期。

隐私观念的产生，是以私人精神追求，即人们在生活实践中对内在需要的满足为基础的，这需要解放人性、承认人的内在价值。在现代社会，公民的法律地位是平等的，公民拥有独立的人格，国家依法保护每个公民的法定权利，不因种族、身份、性别、地域、年龄等因素有差异。隐私之于个人的意义，在于维护公民人格尊严不受侵犯。人格尊严，是人之所以为人的标准，是把公民当作人来对待，[①]对人的尊重是一项伦理原则，是指个人具有内在的价值或尊严，它包含了个人价值的主观与客观评价，是个体尊重自己与被他人尊重的统一。人格尊严是人格权法中的一项基本原则，对具体人格权的保护实质上就是为了维护人格尊严。[②]新中国成立以后，党和国家重视对个人权利的保护，主要表现为保护人的政治权利和财产权利。改革开放以来，我国重视对人权的保护，1982年的《中华人民共和国宪法》确认了公民人格尊严和人身自由等基本权利，1986年通过的《民法通则》在第五章第四节提出公民拥有人身权，包括生命健康权、姓名权、肖像权、名誉权、荣誉权等权利。有学者认为这是我国人权保障道路上具有里程碑意义的大事，体现了我国立法实践中真正确认人格权制度，自《民法通则》后，侵害个人姓名、名誉、肖像等的人格权纠纷案件，才开始进入法院并获得精神损害赔偿的救济。[③]2004年我国宪法引入"人权"的概念，确定了"国家尊重和保障人权"的原则，国家公权力尊重和保护个人基本权利。个体的尊严是自然的、不可剥夺

---

① 杨立新：《人身自由与人格尊严：从公权利到私权利的转变》，载《现代法学》，2018年，第3期。

② 王利明：《人格权法的发展与完善——以人格尊严的保护为视角》，载《法律科学（西北政法大学学报）》，2012年，第4期。

③ 王利明：《人格权法的发展与完善——以人格尊严的保护为视角》，载《法律科学（西北政法大学学报）》，2012年，第4期。

第三章　掩藏与袒露：集体窥视培育隐私文化

的，它先于国家和社会而存在。

人格尊严的思想经历了一个漫长的发展演化过程。在古希腊，城邦代表了公民以及公民组成的群体，公民因生活在城邦中而有意义，也可以把城邦看作一种政治共同体。亚里士多德的经典观点"人是城邦的动物"，忽略了个人的独立生存价值。但是，他探讨的家室私事（the oikos）和城邦公务（the polis）的区隔，也许是现代隐私的最早萌芽，①家庭对应私人空间，城邦对应公共空间，二者有着鲜明的界限。公私领域的划分对早期隐私意识的产生有重要的作用，但是古希腊的民主实质是建立在奴隶制基础上的少数人的民主，成年男性才享有选举权，民主对妇女、外邦人、奴隶而言是遥不可及的。宗教改革运动改变了西方世界的认知，常被认为是现代世界的开始。宗教改革家路德和加尔文致力于个人得救与意志独立：所有的人都同样是上帝的子孙，每个人都具有他自己的独特意志，②打破了天主教的精神束缚。文艺复兴时期，西方世界倡导人本主义思想，将人性从神学的束缚中解救出来，随着个性解放、自由平等观念的传播，人的价值与尊严被社会关注与强调，促进了人的觉醒。皮科·米朗多拉首次提出"人的尊严"一词，指出上帝造人时，曾叮嘱人类的始祖亚当：其他受造物，我们将它们的天性限制在我们已经确定了的法则中，而我们却给了你自由，不受任何限制，你可以为你自己决定你的天性，③米朗多拉认为，人具有潜能与理性，没有外在力量能够束缚人类，鼓励人们勇敢地运用自己的理智，根据天赋自由地发展自身，努力

---

① 顾理平：《整合型隐私：大数据时代隐私的新类型》，载《南京社会科学》，2020年，第4期。

② [英]史蒂文·卢克斯，阎克文译：《个人主义》，江苏人民出版社2001年版，第44页。

③ [英]史蒂文·卢克斯，阎克文译：《个人主义》，江苏人民出版社2001年版，第42页。

"战胜你自己"。①在论述人与神的关系时，他主张人与神之间可以通过艺术等形式展开对话，改变了中世纪时人在神面前极度卑微的地位。米朗多拉的演讲词《论人的尊严》被誉为文艺复兴的"人文主义宣言"。优秀的文学作品是时代的缩影，莎士比亚借哈姆雷特之口呼唤人文主义：人是一件多么了不得的杰作！多么高贵的理性！多么伟大的力量！多么优秀的仪表！多么文雅的举动！在行为上多么像一个天使！在智慧上多么像一个天神！宇宙的精华！万物的灵长！②哈姆雷特处于理想与现实的矛盾中，他的复仇是人性的斗争，更是向忽视个体的黑暗社会宣战。康德提出了"人是目的，不是手段"的著名论断，当人根据理性行事的个人才是具有自由意志的独立人：我是我自己的主人，自由（不受他人意志的束缚）——就其依据普遍的法律而与别人的自由可以共存而言——乃是属于每一个人之所以为人的唯一原始权利。③自由和理性构成的内在价值，使人们区别于群体之公，独立为"私"。传统的隐私观念将公与私对立起来，渊源于此。

随着人格尊严观念的发展，政治家和法学家也开始关注这个概念。美国1776年《权利法案》规定人人享有生命、自由与追求幸福的权利。④美国宪法第一修正案维护公民的言论、宗教、和平集会自由，作为美国媒体和个人维护言论自由的依据，宣扬了自由的生活理念。法国1789年《人权宣言》宣布人生来就是自由的，并且始终是自由的，在权利方面一律平等，并且明确指出自由、财产、安全和反

---

① [英]史蒂文·卢克斯，阎克文译：《个人主义》，江苏人民出版社2001年版，第42页。
② 莎士比亚，朱生豪译：《莎士比亚全集（第5卷）》，人民文学出版社1994年版，第327页。
③ 何兆武：《历史理性批判论集》，清华大学出版社2001年版，第75页。
④ 王秀哲：《美国、德国隐私权宪法保护比较研究》，载《政法学刊》，2007年，第2期。

抗压迫是不可剥夺的人权，规定了言论、信仰、著作和出版自由。①
《人权宣言》限制了行政权力对个人行动自由的任意限制，尤其是不
经审判的行政拘留。同时，《人权宣言》的第四条、第五条也规定了
自由的限度——自由是指无害于他人的行为，法律有权禁止有害于社
会的行为。《人权宣言》对个人自由的保护与限制，实际上是法律对
公共利益与私人利益的平衡，体现出法律既维护社会公意，也尊重公
民自由意志。此外，法国宪政院承认个人自由构成了法律所承认的基
本原则之一，保护个人自由与维护公共秩序这二者应当平衡。②德国
法沿袭了思想解放运动的人文风格，康德等思想家有关个人尊严与自
由的论述，影响着德国法对隐私权的判定。德国《联邦基本法》第一
条明确提出人的尊严不受侵害。德国联邦法院承认宪法保护公民隐私
免受国家的侵犯，要求政府尊重个人生活的隐私，保障公民的个性自
由发展的权利。③德国法将"个性自由""人格"等概念作为个人权
利的基础，推导出一般性的隐私利益，并对此提供宪法保护。二战中
人们付出了惨重的代价，基于对纳粹政权践踏人权的反思，法学家们
主张不能以任何理由剥夺任何人的尊严，国际社会尊重和保护基本的
人权。1948年联合国大会颁布的《世界人权宣言》宣称：对人类家
庭所有成员的固有尊严及其平等的和不移的权利的承认，乃是世界自
由、正义与和平的基础。④该宣言第12条明确保护个人隐私：任何人

---

① 叶佳兆：《人权的冲锋战士——简论法国的〈人权宣言〉》，载《文史博览（理论）》，
2016年，第12期。
② 李莎莎：《法国1958年宪法前言与人权保障》，载《东北财经大学学报》，2009年，
第4期。
③ 转引自王洪、刘革：《论宪法隐私权的法理基础及其终极价值——以人格尊严为中心》，
载《西南民族大学学报（人文社科版）》，2005年，第5期。
④ 唐健飞：《国际人权公约：人权价值和制度的普适化》，载《国际关系学院学报》，2007
年，第4期。

的私生活、家庭、住宅和通信不得任意干涉，荣誉和名誉不得加以攻击。人人有权享受法律保护，以免受这种干涉或攻击。国际性宣言确立了隐私权在人权体系中的重要地位，加速各国隐私权的立法与保护进程。漫长的历史中，人格尊严观念的产生伴随着人对自我的探寻，外部的革命和运动推动着尊严观念发展与相关权利的落实。在封建社会与人性尊严的较量中，也出现过人格尊严被忽略的情况，但最终还是被保护人权的观念所打败。作为人格权的一部分，隐私权在本质上强调个人对其私人事务、私人空间的自主控制，排除外在的侵扰。现代社会对私事、私生活、私人空间的尊重，源于国家承认并保护人格尊严。

回溯美国隐私权研究经典文献，塞缪尔·沃伦和路易斯·布兰代斯在《隐私权》中将隐私视为与人格尊严不可分割的一种条件和权利，[1]体现了个人的自由和尊严。他们强调的"个人独处权利"，[2]反映了对个人自由、个人利益与自我支配的追求，以及道义上人人平等的主张。法律承认人的自主选择权、信息控制权，除非存在明确且合法的社会公益需要。为了保护隐私不受国家权力侵害，美国另设宪法上的隐私权——美国宪法第14条修正案，其中的正当程序条款和平等保护条款作为保护隐私权的基础。正当程序条款旨在约束和防止政府剥夺公民的权利与自由，这一条款不仅保护了公民的基本权利，而且对各州政府的立法情况进行了监督。平等保护条款保障了公民在法律面前一律平等的地位以及依法享有的公民权。这两项条款在维护公民

---

① 阿丽塔·L.艾伦、理查德·C.托克音顿，冯建妹等编译：《美国隐私法：学说、判例与立法》，中国民主法制出版社2004年版，第16页。

② 张新宝：《从隐私到个人信息：利益再衡量的理论与制度安排》，载《中国法学》，2015年，第3期。

生命、自由或财产等权利方面发挥了重要作用。

　　隐私权的讨论来自社会现实，美国隐私权的确立来源于对个人事务自主性的争议——堕胎权问题。1973年1月22日，美国联邦高院以7比2的表决，确认妇女决定是否继续怀孕的权利受到宪法上个人自主权和隐私权规定的保护。隐私权涉及人的自由和尊严，就个案认定的保障隐私权的范围分为生育自主、家庭自主、个人自主及信息隐私四类，[①]保障的内容非常丰富，涵盖了具体的人格权益。隐私权旨在维护个人的尊严和自由，体现了个人的自主性，不受他人的支配。隐私权属于一种具体人格权，法律保护属于个人的独处权利，是为了避免个人被任意监视、窃听或干涉，保留个体对自己事务的最终决定的权利，保护个体的独立地位，保护个人的人格尊严不受侵犯。

　　隐私观念里，对私人领域的保护是"隐"。"隐"包含了藏而不露的意思，是对私人边界的管理、对私人信息的控制，是个人自决的表现。隐私是与公共利益无关的、不愿告人的个人私事，因此对隐私的界定具有一定的主观性。人格尊严是个体面对外界时的一堵"防火墙"，为个人留出独处的空间，将自我与他人、社会之间划分开来，人们可以选择将外面的人带入自己的空间，也可以将他人隔绝在这个空间之外。亚里士多德区分的家室私事和城邦公务，体现了"公私二元"的隐私观念，对应较为清晰的公私边界。拥有独立意志的现代人，在生活实践中明晰了对社会的责任，是参与公共生活的基础。私人空间"在这个时间维度上就是处于一个排他的阶段、被私人专享的"。[②]有研究者认为，在相当长的时间里，隐私是通过公共空间与

----

① 王泽鉴：《人格权的具体化及其保护范围·隐私权篇（上）》，载《比较法研究》，2008年，第6期。
② 王晓琳：《信息时代公共空间中的隐私问题》，载《自然辩证法通讯》，2018年，第7期。

私人空间的区隔来体现出独特性和价值的。^①人们在私人空间中获得满足，有利于维护公共空间秩序，保护隐私已成社会共识。传播技术发展为交互分享的热潮提供了可能，数据在智媒间频繁流动，私人空间与公共空间的边界融解，私人事务的保护面临难题，人们在家族微信群里讨论的内容，可轻易地被截屏转发给群外人。人们对隐私的把握，包含了一种选择性控制，即以个人为中心管理外界与自己的距离和关系，其前提是人的价值与尊严。现代人追求有尊严的生活，尊严意味着人生而自由、平等，人们的基本权利不被侵犯。面对外界的压力，人们根据自己的理性处理问题，就是有尊严地生活，人的尊严与生俱来。隐私权的核心就在于为人们保留自我处置的空间，保持个人的自主性，保护个人不愿公开的隐私信息，排除他人的干扰。

三、袒露——隐私观念的变化

隐私的观念起源于公域与私域之分，来自人类维护个人利益的本能。随着生产力提升与社会分工完善，人们获得不同的社会角色，需要明确的规范对协作中的纠纷进行判定，维持社会秩序。社会对隐私的共识，其实是个人利益与公共利益博弈的结果。

（一）印刷时代的尊私之礼与口述隐私

隐私，"隐"是方法，"私"是落脚点。公共领域与私人领域的划分，可追溯至亚里士多德对城邦和家庭的看法，他认为城邦是公共领域，家庭是私人领域，城邦的本质是公民的集合体，要表现出每一个公民的个性，实现多样性的统一。而财产是私有的，如果将财产放

<hr>

① 顾理平：《整合型隐私：大数据时代隐私的新类型》，载《南京社会科学》，2020年，第4期。

入公共领域，可能会混淆私人领域和公共领域的边界。亚里士多德认为，城邦与家庭的先后顺序是："城邦就自然而言先于家庭和我们中的每个人，因为整体必然先于部分。"①中国的伦理道德思想以儒家思想为主导，主张道德教化，追求"仁政"、以德治国，其治国理念以家庭为出发点，先修身齐家，后治国平天下。在君权与父权的统治下，政治权利介入了私人生活领域，家事与国事的界限难以划分。历史上我国多个朝代设有特务机构，专门替皇帝监视大臣的民间言论和私人生活，以隐私的潜在价值为政治服务。有人因此认为，中国传统社会并不尊重隐私，其实是一种误解。中国古代的隐私观念以"礼"为表现形式，"礼"是人与人交往时的行为规范，调节人与人之间的冲突。

中国传统文化非常重视"宁居"的观念，从古代房屋的构造中可见一斑。古代宅子常用围栏将院子包围起来，除了安全考虑外，也为遮挡外人的视线。大户人家的院子内建有曲折的走廊、隔断、假山、石块，起到转移视线的作用，一些特别需要隐蔽的地方，还会用花草树木来遮挡。现代房屋讲究几室几厅，古代宅院讲究几进几出，以三进三出的院子为代表，进入大门后是一块影壁，之后便是区分内宅和外宅的二门，一般来说外来的客人可以引到会客室，不得随便出入内宅。古代房屋构造体现了保护私人生活空间的愿望，去别人家中做客也有规矩和礼仪，体现了古代的隐私观念。《礼记》的《曲礼》篇中，有一段话："将上堂，声必扬。户外有二屦，言闻则入，言不闻则不入。将入户，视必下。入户奉扃，视瞻毋回。"②这句话提醒

---

① 亚里士多德：《政治学》，中国人民大学出版社2003年版，第7页。
② 戴圣编著：《礼记》，河南科学技术出版社2013年版，第7页。

人们，去别人家要注意礼节。进入堂室时，要打招呼提醒室内的人。如果室外有两双鞋，室内有说话声才可进入，以防打扰别人。进门时视线要往下，在室内不要东张西望、到处窥视，避免看到别人隐秘的事情。中国古代的隐私观念不仅体现在私人住宅的布局中，也暗含在古代礼仪中，孟子曾因窥视妻子的隐私，而被孟母责备无礼。《韩诗外传》记载了这个故事："孟子妻独处，踞。孟子入户视之，向其母曰：'妇无礼，请去之。'母曰：'何也？'曰：'踞。'其母曰：'何知之？'孟子曰：'我亲见之。'母曰：'乃汝无礼也，非妇无礼。《礼》不云乎，"将入门，问敦存。将上堂，声必扬。将入户，视必下。"不掩人不备也。今汝往燕私之处，入户不有声，令人踞而视之，是汝之无礼也，非妇无礼也。'"[1]这个故事说的是，孟子亲眼见到妻子坐姿不雅，认为妻子没有礼貌和仪态，要休妻回家，反被孟母责备违背了《礼记》。孟母提醒他，卧室是休息的地方，无声闯入、不注意视线已是失礼，怎能责怪别人没有礼仪呢？古代的隐私观念与礼法息息相关，尊重宁居权，即使亲密如夫妻，也要互相尊重隐私。隐私与社会关系相连，面对不同的关系要秉持不同的原则。《礼记》的《檀弓》篇讨论了不同关系中的隐私，区分了公权与私恩——"事亲有隐而无犯""事君有犯而无隐""事师无犯无隐"。隐是隐讳过失，犯是犯颜直谏。意思是：对待亲人以情为原则，可以隐讳亲人的过失，对待君王则要直谏而不能隐讳过失，对待老师则不可直谏也不需要隐讳过失。《礼记》在儒家经典体系中占据重要地位，系统地阐述了儒家的政治思想、伦理观念、心性教养的原则。隐私意识置

---

① 佚名：《韩诗外传》，学苑音像出版社2004年版，第92页。

于《礼记》中，强调由规范的行动导致好的结果，这种规范要求人们自觉地不打扰他人，而不仅仅是被动地远离他人，是一种较为主动的隐私观念。在这种价值观的作用下，人们羞于暴露隐私与窥视隐私，窥私欲作为一种本能被深埋在人们心中。

进入现代社会，隐私的观念与政治活动、社会风气密切相关。改革开放后，印刷媒体上出现了"私人生活叙事"。20世纪90年代，小报和身体写作引发了分享私人生活的热潮，受众被名人隐私、人性丑闻、身体秘密等内容所诱惑。国内的印刷媒体上出现了引人关注的口述隐私。记者安顿在《北京青年报》的"口述实录"栏目记录下被采访者的隐私故事，后以《绝对隐私》为名结集出版。这本书十分畅销，在短时间内多次加印。之后国内出现了一批讲述隐私故事的图书，创作和阅读隐私故事成为国内的时尚。在传统社会，涉及私生活、个人秘密的内容只在小范围内口耳相传，人们羞于向外人展示隐私。而这个时期的口述隐私打破了原有的隐私观念，说起隐私，人们不仅感到羞怯，可能还会感到好奇与兴奋。平凡的人、平凡的事中也包含着一些引人关注的隐私信息，口述隐私既满足了现代人窥视的心理需求，又体现了对普通人的生存状况、情感生活的关怀。由于印刷媒体在生产和传播过程的时间间隔、传受互动受到空间限制，导致隐私的披露和窥视分离，人们读到的口述隐私作品实际上是媒体加工后的成果，传播范围有限。这股窥视的热潮脱去了隐私神秘的外衣，人们对隐私有一种既向往又羞怯的态度，开始以别样的视角来注视作为人格权重要组成的个人隐私。

（二）电子媒介时代的真人秀隐私

随着物质生活的丰富和社会价值观的变迁，个体的生活状态、价值追求成为窥视他人的新热点。电视集视频、图像、音响于一体，电视节目的叙事方式较为多样，满足了受众的多种需求。进入21世纪，电视真人秀节目进入大众视野并获得了非常高的收视率。真人秀节目以电视镜头记录参与者的生活状态，从言行举止、人物关系等多角度展现参与者的精神世界。电视常用的窥视手法，令观众产生身临其境的感觉。实际上，节目呈现与日常生活相去甚远，节目的叙事是虚构的，参与者手中拿着节目导演给的"剧本"，整个节目有着明确的主题，在表现形式上突出故事性、情节性，并通过参与者煽情化的表演使观众产生代入感和参与感。隐私是指个体不愿公开的信息、私事、私人空间，相较于实实在在的物体而言，隐私是一个抽象的概念。真人秀节目将隐私以视觉化的方式呈现，参与者的一言一行都被镜头记录下来，受众在观看节目时，不仅接收到表层信息，也从参与者复杂的表情、神态中领悟到更深层、隐秘的信息。一些明星真人秀节目融入了纪实元素提升内容品质，采用纪录片的拍摄手法，以镜头展现参与者真实的生活状态和精神世界，但是由于整个节目的策划、录制、剪辑与呈现都遵循一定的规则，是参与者在某一具体情境中的个人展现，因此真人秀节目的纪实性是不完全的，参与者展示的隐私故事是经过修饰的内容呈现的。

戈夫曼的"拟剧理论"根据社会的角色行为的规范，将人的活动区域分为前台和后台。[1]在前台，明星会扮演社会角色——特定的人设，观众已不满足于仅仅观看前台的表演，好奇明星在后台的真实状况。真人秀节目将观众的视线从前台带到后台，消融了台前幕后的

---

① 戈夫曼，冯钢译：《日常生活中的自我呈现》，北京大学出版社2008年版。

边界，满足了观众的窥私欲。早期的真人秀节目，以明星视角吸引观众。湖南卫视《爸爸去哪儿》展现了明星与孩子之间的日常互动，记录节目参与者吃饭、睡觉、工作、社交的方方面面，也展示了明星的家庭关系、育儿理念等内容。观众沉浸育儿体验中，体会明星的情感变化，满足了自身的情感需求，也可能获得育儿经验、对家庭生活的理解。随着观众对明星表演的审美疲劳，出现了一些素人视角的真人秀节目。素人参与者可能没有完美的外貌、优雅大方的谈吐和强大的包装团队，但他们是无数年轻人的缩影，面临与观众类似的生活现状。来自各行各业的素人嘉宾，以"接地气"的话语和行为方式，引发观众的共鸣。观众在素人嘉宾身上找到与己类似之处，带入自己的生活体验，体会嘉宾的喜怒哀乐进而沉浸于节目中。

真人秀节目的叙事手法打破了公共领域和私人领域之间的屏障，节目参与者在言谈间展现私人情感和生活体验，这既是向其他参与者表露想法，又是向观众进行自我表露。真人秀节目的隐私叙事包含两个特点：一是参与者作为隐私主体，将自己的言语和行为、姿态与风度、生活习惯、个人处境全方位地展示给受众；二是围绕节目主题的戏剧化的表现方式。一档成功的真人秀节目不仅要通过节目的主题、叙事手法来传递其价值取向，也需要通过细节展现参与者的个人风格与魅力。摄像镜头有着放大细节的作用，观众往往从细节中发现参与者的隐私，细微处的隐私呈现成为节目亮点。细节呈现有着拉近距离的作用，碎片化的细节组合在一起增加了节目的真实感，为观众展现一个社会的缩影，满足了观众的窥视欲。日本学者林雄二郎在《信息化社会：硬件社会向软件社会的转变》中提出"电视人"的概念，是指伴随着电视的普及而出生和成长的一代人，他们生活在电视所呈现的感官刺激的环境中，过于注重感觉而忽视理性和逻辑思维，由于经常在封闭空间中观看电视节目，缺少社会互动，而容易形成孤独、内向的性格。[①] "电视人"从虚拟社会互动中获得满足而回避现实生活中的互动，他们更容易从真人秀节目中获得窥视的乐趣。真人秀节目中的隐私呈现正是为了吸引观众，现实生活中人们难以肆无忌惮地窥探他人的隐私，而真人秀节目满足了现代人窥视的欲望。节目将公共生活和私人生活融为一体，全方位地展现参与者的言行举止、情绪与观念，在私人生活的分享中，产生了一种即时的亲密关系，观众仿佛能与节目参与者进行交流，而隐私故事正是电视真人秀节目的吸引力所在。真人秀节目的隐私呈现引发了争议，有评论者认为节目中过多的隐私呈现会对参与者产生不良影响，尤其是不利于未成年参与者的健康成长，也有评论者认为节目参与者是在消费隐私，不利于维持良好的社会风气。现代人重视隐私权的保护，隐私权不仅关乎个体的自由与尊严，也关乎个体的生命与财产安全。真人秀节目在众目睽睽之下曝光参与者的生活细节，颠覆了人们原有的隐私观念。节目参与者戏剧化的自我表露无法与真实的自我完全划清界限。他们在享受"成名"所带来的利益的同时，也承担了部分隐私公开的代价。

（三）移动社交时代的集体展示与窥视

科技延伸了人类的感官，为隐私信息的获取和传播带来便利。智能手机、航拍无人机、针孔摄像头都可以轻易买到。将文字、音频或拍摄的内容传输到网络上，一个人的生活就可以变成一群人的狂欢。私人生活呈现进入了一个新的阶段——集体展示与窥视。越来越多的

---

① 吴果中、陈妍：《从"电视人"到"弹幕人"：媒介技术对人类交往方式的影响》，载《传媒观察》，2021年，第2期。

人以新的方式公开个人生活。不同年龄、阶层、地区的人们或许存在差异，却都是自我表露的大军其中一员，这种普遍的展示与窥视成了主流的社会交往方式之一。霍尔·涅兹维奇在《我爱偷窥：为何我们爱上自我暴露和窥视他人》中写道："一个正在流行、有如催眠般的想法是：你必须知道，你必须被知道一些事。"[①]隐私的展示与窥视嵌入人们的价值观，时刻影响人们的行为。夸张的、表演式的隐私呈现逐渐失去吸引力，人们更关注细节化的、自然流露的内容表达。微博、微信等新媒体的发展在其中充当了重要推动力。隐私的对象从公众人物扩大到普通大众，用户生产内容（UGC）成为新的吸引力，普通人的私生活也成了被观看的内容。人们在别人的秘密中看到自己，在孤独的生活中感受到精神的联结。隐私分享给观众想象和发挥的空间，凸显表象之下的深层渴望。

第二节　赤裸相见的人——窥私的矛盾心理

在一个世纪以前，社会主流文化宣扬避开注目，全世界的人都在严厉处罚偷窥者。随着数字化生存方式的普及，现代人的"凝视"和"被凝视"变得易如反掌也心安理得。于是，社会抛弃了这个千年禁忌，甚至在无形中鼓励人们加入偷窥和被偷窥的队伍。这意味着窥视文化的真正意义不在于我们观看、记录的内容本身，而在于它隐喻了一种生活方式的改变——融入数字化生存的一种能力，集体窥视满足

---

① 霍尔·涅兹维奇，黄玉华译：《我爱偷窥：为何我们爱上自我暴露和窥视他人》，世界图书出版社2015年版，第129页。

了现代人的精神需求。这不能简单看成个人满足好奇心的行为，而是一种基于社会心理的共同选择，传播媒介则源源不断地为这股热潮注入动力。

一、数字化生存时代——场景

数字化是传播技术的革命性变化，也是人类文明进程中一次重大的进展。千百年来人们习以为常的生活方式，在进入数字化时代后发生了重大变化，而这种猝然而至的变化，除了给现代人的日常生活带来深刻影响外，也在心理层面产生了影响，对集体窥视行为的影响就是其中一个重要方面。具象的窥视一般是指暗中观察、偷看，从管孔中向远处眺望。窥视的内容既包括媒体或个体为吸引他人注意力而主动公开的隐私，又包括为了获取经济或社会效应而被恶意泄露的他人隐私。但在大众文化的认知里，窥视则是伴随人的目光延伸的，心灵感知世界能力的延伸，是人好奇心的满足和心理压力的释放。数字化时代到来之前，集体窥视已经是一种普遍存在的社会现象，具有影响主流文化评判、释放民众精神压力等的社会功能，因此我们将集体窥视作为正常社会现象来讨论。而以隐私消费为特征的集体窥视现象主要出现在20世纪90年代网络时代到来后。伴随科技发展带来的数字化进程，重塑了社会信息流动模式和人们的价值观念。社交媒体的快速崛起和便捷的应用方式，使个人与个人、个人与社会之间形成了一个新的交流方式——展示与窥视。越来越多的人主动公开个人生活，他们一边展示自己，一边窥视他人。窥视的热潮改变了建构自我和社会交往的方式。人们通过持续的窥视与分享（主要是个人的隐私窥视）保持与他人、与世界的联结与交往。这一切的变化都在无形中发生，人们难以察觉变化的存在。不同年龄、阶层、地区的人们或许存在差异，却都是窥视大军中的一员，这种社会普遍性行为正是窥视的力量所在。在社交媒体上了解他人的动态，了解这个世界发生的改变已成为一种生活日常。[①]被窥视文化包围的我们，既是捕食者，又是被困的猎物。

在这个过程中，除了集体窥视导致的窥私行为普遍化外，让人担忧的是窥视内容的多样化。随着社会文化和价值观的演变，人们的窥视对象从衣食住行等物质发展到更高层次的思想精神、个人情感。在不同的历史阶段，窥视的内容体现着时代特征。物质财富匮乏的时期，由于大家衣着统一，街坊邻居的一日三餐是大家讨论的焦点。衣食住行等基本要求得到满足后，人们的关注点聚焦到身体上，一时间明星艳照出现在娱乐报道中。随着社会不断开放，身体对人们的吸引力降低，个体的精神和情感成为人们集体窥视的新热点，情感谈话类节目、交友节目遍布主流电视媒体。真人秀节目的火爆带来了一股隐私关注热潮，明星以身作则塑造着一种"毫无保留的文化"。无数网民正在向明星看齐，通过微博、微信朋友圈公开自己的个人生活。"人们纯真又乐观地裸露自己的身体与灵魂，不是因为淫乱，而是出于良善——因为我们希望与他人联结、沟通、彼此安慰。"[②]窥视或者被窥视，都在人们自愿的前提下进行着，很少有人思考我们在窥视什么，以及窥视的原因。数字化社会给人们提供了更多平等表达的机会，而个人自主意识的持续增强也在不断强化这种平等意识，对明

---

① 霍尔·涅兹维奇，黄玉华译：《我爱偷窥：为何我们爱上自我暴露和窥视他人》，世界图书出版社2015年版，第33页。

② 霍尔·涅兹维奇，黄玉华译：《我爱偷窥：为何我们爱上自我暴露和窥视他人》，世界图书出版社2015年版，第22页。

星、权威的好奇心开始让渡，而对更多平等主体的兴趣持续上升——相似个体的新媒体"镜像"为现代人提供了一种认真看自己的样本。与此相对应，形态迥异的个体可以满足不同偷窥者的多种要求，人们的需求在偷窥中得到满足，数字化社会的时代特征让集体偷窥渐渐变成一种缺少道德担忧的群体行为。

麦克卢汉认为："我们创造了工具，之后，工具又塑造了我们。"①现代社会主张用理性和人道主义去衡量事物，而后现代主义则重视工具理性，认为人成了工具的奴隶。在集体窥视的背后，隐藏着急剧增长的工具理性和相对滞后的价值理性。当工具理性和价值理性相辅相成时，人们追求精神解放、超越现实生活的梦想。然而，工具理性改变了人类的消费方式，人们从温饱需求到精神需要，在缺乏价值理性的引导时，便会挖空心思去关注他人的隐私。窥视是以科学技术工具的胜利满足人类的好奇心，也是在以技术的便利麻木人类对社会不安的心灵，窥视就像一颗精神毒品，麻醉着人们，这是工具理性异化的表现。世界一体化和全球化的趋势，使人与人之间的联系更加紧密，个人空间也成了公共领域，"玻璃房子"成为现实。大众的窥私欲和暴露欲在当下愈演愈烈。如果说电影和电视剧的上演，是以虚拟的方式满足了人们的窥私欲，那么在越来越发达的高科技手段的推动下，人们的生活被全面监控。互联网可以拍摄、传输人们一天24小时的生活情形，远红外线照相机可以穿透衣服拍摄出人们的肉体，微型窃听器和摄像机把人们逼得无处可逃。反过来，出卖隐私也成为今天人们获取商业利润的手段，"网红经济"快速崛起，一批"网

第三章 掩藏与袒露：集体窥视培育隐私文化

---

① [加]麦克卢汉，何道宽译：《理解媒介：论人的衍生》，商务印书馆2000年版，第37页。

红"也以自己的夹杂隐私展示的"直播带货"等方式，创造着一个又一个销售神话。

二、压抑与反抗的心理博弈

数字化社会的到来给现代人的生活带来了无限的可能性。人们可以足不出户享受数字化生存的诸多红利：网购、外卖、阅读、写作甚至彻底的宅家工作。与此同时，数字化社会也更加全方位地向每一位现代人呈现了光怪陆离的生活方式：限量包包、环球旅行等奢侈的物质享受以及精品演出、极限运动等高雅的精神生活。借助便捷的窥视形成对世界的感知会让人的内心产生某种压力。当然，这种压力是一种表层的压力，而更深层的压力，则更多来自窥视本身。窥视往往与禁忌彼此依存、对应存在，窥视禁忌使现代人的压抑心理得到释放。禁忌意味着吸引力，例如人类对性有种本能的好奇。精神分析的创始人弗洛伊德在论及"俄狄浦斯情结"时提道："性本能的一些组成部分从一开始就有一个对象并坚持不变——例如，支配的本能（虐待狂）和窥视本能。"[1]在倡导"万恶淫为首"的中国，性始终是一种禁忌。"网络的发展使得性在很大程度上得以开放，但它仍很少有机会进入公共话语领域。"[2]家庭性教育缺失为窥视行为埋下伏笔，人们在儿童时期受到压抑的窥私欲，成年后窥视他人隐私得到满足。网络空间的匿名性为人们释放窥私欲提供了前所未有的条件。从个体窥视到集体窥视，鲜有人为窥视付出代价，人们的罪恶感也随之

---

① [奥]弗洛伊德，周泉等译：《精神分析导论讲演》，国际文化出版公司2000年版，第288页。

② 汪静筠：《没有隐私的年代——社会集体偷窥现象浅析》，载《社科纵横（新理论版）》，2010年，第9期。

消失了。未知的世界充满了诱惑，诱惑也带有禁忌的意味。对现代人来说，观看是想象和体验的前提，以窥私的方式观看未知的世界，隐含了人们对未知生活的想象与向往。只需几分钟，人们便能在网络短视频中云吸猫、云旅游，窥私仿佛是传播技术给现代人的一个礼物，意味着技术打破了时空的限制、感官的限制，麦克卢汉的观点"媒介是人的延伸"①应验于生活的更多层面。受众对未知世界的感知与认同，就是将自己带入窥视的情境中，满足自我与环境的一致性。摄影机、手机屏幕犹如我们的眼睛，窥视他人满足自我。"博德里由此认为，在黑暗的放映厅里观众注视着明亮的银幕，犹如婴儿注视着镜子的状态。两者都'不能移动'，又都具有'视觉功能的优势'。"②数字生活给人们带来心理压力的同时，也给人们带来反抗禁忌、释放压力的方式。窥视文化使观众以合法的方式满足潜意识里被压抑的欲望，未知的世界带给观众神秘感和难以抑制的兴奋。事实上，集体窥视所获取的信息是被编排过的、符合观众深层心理的内容。观众意识中自然发生的事件，是被窥视对象为了自身目的而进行的更高级的自我呈现，是一种刻意营造的真实。

福柯笔下的全景监狱是一种监视与规训机构，窥私体现普通大众与权力阶层的博弈。全景监狱是一座设计精巧的建筑，它的中心是一座瞭望塔，四周是一座被分成许多囚室的环形建筑。掌权者在瞭望塔中安排少数监视者就能监控整座监狱，这是因为监狱通过窗户的角度制造出"逆光"效果，瞭望塔中的监视者能随时监视囚室中的人，囚室中的人却看不到监视者。这种全景式的监视往往体现出权力运用的

---

① [加]麦克卢汉，何道宽译：《理解媒介：论人的衍生》，商务印书馆2000年版，第37页。
② 彭吉象：《影视美学》，北京大学出版社2019年版，第123页。

特征——自上而下的监视，而被监视者被压抑的好奇心只能借助窥视方可得到一定程度的满足，这也是窥视文化持续的一种社会基础。越来越多的人希望通过窥视来对抗"逆光"效果——信息不对称和认知差距，以及由此产生的监视者和被监视者之间的不平等关系。千里之堤，毁于蚁穴。在偷窥文化中，全景监狱的精巧构型被一条条隐私信息所解构，监视者的神秘感和权威话语逐渐消失，这是社会层面反抗压抑的体现。古往今来，文学作品极尽渲染贵族生活的奢华状态。上层人士是社会的风向标和舆论主导者，他们的生活状态和隐私信息因具有广泛商业价值和市场前景而受到追捧。在等级森严的传统社会，普通人即使好奇也难以得知上层人士的隐私。互联网的发展逐渐打破了精英主导社会文化风潮的现象，新媒体不断挑战传统媒体的地位，"以消费主义为核心的大众文化在网络的推动下逐渐成为时尚潮流的引领者，人们需要消费时尚，因而需要大众文化"。面对"大众文化携消费主义日占上风的情况，主流意识形态为了被大众所接受，精英文化也需要在大众文化面前表现出更宽容的态度，消费文化获得了当前文化语境的主导话语权"。[1]各类曝光精英生活的电视节目受到追捧。监视是权力的体现，社会底层民众窥视上层人士时，"试图通过道德优越感的建立来实现对对方财富、权势、身份、声誉等的另一种意义上的'解构'，从而获得一种心理的补偿与平衡"。[2]社会分化的加剧，使底层民众感受到基本权利"被剥夺"，需要获取心理补偿。他们窥视上层人士的隐私、批判其不道德的行为，建立一种"道德优越感"，这种心理补偿透露着数字化时代的精神危机。由于人们

---

① 林升梁：《消费社会的身份认同与价值重建》，载《新闻大学》，2013年，第1期。
② 张忠：《偷窥：网络时代的群体症候及其分析》，载《浙江社会科学》，2017年，第1期。

对传统意义上精英的认同感降低，仅仅窥视精英的生活已经不能满足当下的受众，社会各个阶层乐此不疲地互相窥视，并彼此消解，窥视文化日渐成为一种流行文化。

三、认同与排斥的内心纠结

社会价值观的畸变是集体窥视行为的重要动因。数字化时代革新了生产与生活方式，传统主流价值观逐渐衰落，现代性人文价值观兴起，一方面，人们接受了新的价值观，从个人的角度看待社会和人际关系，重视社会对个人的尊重，和对个人私生活的保护；另一方面，人们受限于记忆中原有认知框架的限制，对新的价值观中与自己原有价值观相悖的部分持怀疑和批判态度。消费主义浪潮席卷全球，橱窗里琳琅满目的商品、广告牌上性感的模特令人血脉偾张。人们对衣食住行的关注远远超过了对人类命运的关注，集体意识明显淡泊。"人与人之间的关系日益疏离，一个个小团体、小圈子便成为人们的庇护所。一元或二元的社会结构被打破，多元价值观逐渐形成，社会多元化、异质化和去中心化的趋势显著加强。"①大众传播难以满足全体受众。随着网络的快速发展和数字化社会的到来，标榜个性的小众传播以惊人的速度向目标人群传播个性化内容。小众传播推崇自我追求、独特品位，而不再是集体态度和他人观点，人们前所未有地关注传播内容的独创性。与精心制作的传统大众传媒生产的内容相比，新鲜的用户生产内容，更像是小集体内部的自嗨。初始传播范围小，但是辐射精准。在倡导多元价值观的现代社会，这种不迎合、不做作的

---

① 林升梁：《小众传播构建以品牌为核心的身份认同》，载《中国社会科学报》，2014年4月9日。

风格，符合大众追求自我独特性的价值观。具有强烈个人化特征的生活短视频、原创图文作为用户生产内容，吸引着一批批受众。早在20世纪70年代，世界著名未来学家阿尔文·托夫勒预言了传媒未来发展的分众化、小众化趋势。在今天看来，他的预言已成现实。①随着小众传播的兴起，更多外来者进入私人空间，零散的私人空间中流动的多元价值观相互碰撞，导致社会价值观畸变。

社会价值观的畸变使一部分人无所适从，背负诸多压力无处释放，这种情绪需要自我认同来疏解。窥视特定群体的生活，获取特定的信息，满足人们的好奇心，使人们获得归属感、自由感，感受到自我独特的社会地位和权利，以此来消解大众传媒展现的社会阶层分化给人们带来的恐惧。新媒体顺应这种社会潮流，以娱乐、窥视的方式呈现公众话语，一切文化内容都心甘情愿地成为娱乐的附庸。鲍德里亚描绘的"消费社会"，②即消费成为社会生活的生产的主导动力和目标开始成为现实。隐私和其他物品一样成为商品，社会大众通过分享隐私，构建自我并获取利益，窥私由此也成为一种新的消费形式。

社会价值观的畸变导致集体认同感难以真正形成，人们彼此认可差异性但同时对差异性的具体表征充满好奇。这是大众集体窥视的内在原因——获取集体认同感。电影《花样年华》的结尾，梁朝伟对着树洞说出心中的秘密，并以草封缄。现实生活中，一些"树洞"类自媒体犹如磁场，吸引着大量网络用户。"树洞"接收用户的秘密，筛选一部分放到自媒体上。路人就像善良的陌生人，安静地聆听秘密，而一旦发现与自己经历相似的人，就像遇到知己、找到组织，

① 林升梁：《消费社会的身份认同与价值重建》，载《新闻大学》，2013年，第1期。
② [法]鲍德里亚，刘成富、全志钢译：《消费社会》，南京大学出版社2014年版。

频繁互动以拉近关系，获得公共认同感。而与自己观点相悖者，则被当作公众的对立面，毫不顾忌地诅咒、谩骂，拉帮结派以显示立场的合理性。在树洞里，情绪被放大，社会的积极面和阴暗面都裸露在空气中。赤裸相见的人们，其实是上瘾的消费者。"树洞"以部分暴露的信息建构出令人遐想的模糊感，能使经历不同但对某些议题持有相似看法的观众产生共鸣，这正是"树洞"的吸引力所在。而在公共空间，现代人并不愿意清楚地表达自己的社会价值，以此获得不同个人的接纳。所以窥视变成了了解他人立场的一种重要手段。匿名性给观众想象和发挥的空间，观众在其他人的话语中找到自己的秘密，以及秘密之下的深层渴望。这种集体性的隐秘渴望使个体与他人联结，从而产生复杂的公共认同感。

集体窥视发展至今，可供窥视的隐私将现代人包围起来。一些人感到不适，开始批判地看待窥视行为，并产生怀疑和排斥心理。集体窥视使人"赤裸"相见，个体与生俱来的神秘感荡然无存。在这个"隐私不保的年代"，个体最基本的人格尊严难免受伤害，与此同时，每个人都不得不成为被窥视的表演者。面对集体窥视，人们产生了认同与排斥的矛盾心理。一方面，人们承认集体窥视在获取自我认同和集体认同的重要作用；另一方面，人们感受到被窥视的巨大压力，依然选择留在窥视大军之中，却又时刻担心隐私被侵犯。然而，无论人们多么矛盾，集体窥视已经成为一股不可逆的潮流。现代人因此更加重视隐私信息的保护（人们在微信朋友圈等相对闭合的环境披露照片、姓名等私密内容，而在微博、抖音等更开放的环境中设置内容分享权限），从隐私源头、隐私使用和隐私保存及流动等方面减少隐私被滥用的概率，甚至有人为了保护隐私而卸载社交软件。

四、逃离与重构的目标追求

数字化时代，平等性体现在用户在网络中享有多种平等的权利，每一位网络用户都有平等的网络主体资格，而集体窥视是普通网民享受网络平等权的直接符号化表达。平等性的法律原则在传统媒体时代已经确立，在某种意义上，平等性已经成为现代法治社会的一个标志。但是，从原则作为一种公民权利被确定到权利的享受实际上存在着漫长的差距。尤其是现实社会中财富阶层和权力阶层的存在以及时时发生的"特权"个案，深刻影响着现代人对这种平等性的态度，而传统媒体在平等性失衡时的"失声"则会进一步加深人们的失落情绪。于是非抗争性的逃离成了许多人的选择。平等性并不是绝对的，它是一个关系概念，在关联比较中体现出来。数字化时代，普通网民都拥有接触媒体的机会，打破了传统媒体使用对阶层的限制。传统社会中往往是精英阶层在接触和使用媒体、发布关系国计民生的重要信息，而在数字技术赋权之下，普通网民都能够通过网络在自媒体发声，大量信息充斥民间舆论场，传统媒体关注舆论走向、乐于同网民交流，形成良性循环，这是现代人逃离现实生活、选择网络参与的一个重要原因。现代人使用网络不仅出于娱乐的需要，也有展示自我、建立社会关系的需要。现实生活中，无论是建立社会关系，还是接受教育都需要准入门槛并付出相应的成本，面对种种限制和条件，很多人选择逃避。而网络在一定程度上打破了不同阶层之间的壁垒，降低了社会交往和学习的成本，建构了一个更开放、更多元的公共空间。宪法规定公民平等地享有各项法定权利，公民可以平等地享有在网络发布言论的自由，通过网络接收信息、获得教育机会、进行科研、文艺创作和其他文化活动的自由。集体窥视以一种特定的方式凸显了网络主体的平等关系，意味着平等观念深入人心。数字技术不断更新，与社交媒体快速发展相伴而生的是，相关法律法规和网络服务协议的完善，这相当于将平等的观念现实化和具体化，将公民的平等权利进一步细化，使公民在网络实践中有规则可依、有权利可享受。

现实生活中存在的诸多不平等现象，借由集体偷窥使这些问题演变得更加严重。集体窥视使不同阶层的财富水平、生活状态暴露在人们的视线中，虽然这种暴露包含表演成分，但是让一些人产生了真实的挫败感。他们在现实中找不到自我存在的意义，转而利用互联网发泄不满的情绪。大众传媒所营造的窥视浪潮，恰好迎合了受众的需要。互联网时代，公私领域的界限愈加模糊，其主要原因是权利使用不当。公民在表达自我、重构网络公共空间时超出合适的限度，导致原本属于个人的内心领域逐渐转变为"伪私人领域"。集体窥视折射出私人领域的复杂化以及它的"私人性"的消失。公民被大量私密的信息包围，私人生活走向社会化。公共领域与私人领域相互渗透，使得交往理性变形，对平等性的追求在窥视过程中获得虚幻的满足。

平等性不仅是法律原则的具体体现，也是理想社会的基本目标。一经确定就会在长时间内对人们的行为产生影响。在平等的原则下，社会上建立起普遍的公德意识和契约精神。"仓廪实而知礼节，衣食足而知荣辱。"日益丰富的物质条件激发了人们追求公平正义的理想社会的信念，希望以独立的思考与表达，获取更多参与社会生活的机会。在具体的社会实践中，一方面，公民通过网络实现社会参与，监督政府及其工作人员、公众人物，发表言论形成共识；另一方面，公众人物通过言论、图片展示自我，多角度地建构自我形象，以期获得更多的支持，维持原有的地位。无论是抗争、逃离，还是重构，平等性始终是现代人内心的一种信仰。

大众传播媒介的出现使集体窥视行为趋向合理化，而数字化时代的到来则使集体窥视呈现普遍化趋势。新媒体建立起覆盖全球的传播网络，将含有隐私信息的窥视内容传送给每个有接收装置的受众，随着智能手机价格的快速下滑和使用的普遍化，窥视不再是过去的个体行为，而是大众共同参与的活动。在相当长的一段时间以来，"真人秀"节目成为一种潮流受到诸多电视媒体等的追捧，从草根人物"真人秀"到明星"真人秀"，一大批节目多方位地展示着不同社会成员的隐私，满足受众的窥私欲望。进入数字化时代，这类节目有增无减，并且直播短视频等传播方式更令网络世界充斥着这类信息。与此同时，随着人们网络使用的普遍化，数字化生存变成了现代公民一种基本的生活方式，而人们在使用网络过程中主动上传的大量私人化信息和网络使用痕迹，借由大数据挖掘技术，可以变成"整合型隐私"，[1]被他人进行更具数字化特征的集体窥视。

传播过程中的隐私信息窥视行为有两种主要表现方式：一是直接讨论和传播隐私内容，二是以花样翻新的手法引导自媒体用户主动展示自己的隐私。每个人都有自我呈现和获得他人生存经验的渴望，这是窥视欲望的原始动机，窥视文化使每个人的生活都蕴含着巨大的商机。社会价值观演变和社会竞争的加剧、现代人价值观的多元和心理压力的增加，导致集体窥私成为一种普遍的社会现象，也体现出某种

---

① 顾理平：《整合型隐私：大数据时代隐私的新类型》，载《南京社会科学》，2020年，第4期。

程度的产业色彩。正是差异性使观众以窥视的视角来想象、参与网络互动，观众的欲望在网络用户的自我呈现中得到满足。用户生产内容看似提供了海量的信息，但这些信息几乎没有多大价值。它的重要性似乎仅取决于信息更新的速度，和为当下的人提供茶余饭后的谈资。尼尔·波兹曼曾经痛斥："我们的文化对电视认识论的适应非常彻底，我们已完全接受了电视对真理、知识和现实的定义。无聊的东西在我们的眼里充满了意义，语无伦次变得合情合理……电视只有一种不变的声音——娱乐的声音……电视正把我们的文化转变成娱乐业的广阔舞台。"①这句话同样适用于集体窥视文化大行其道的新媒体时代。

集体偷窥文化使民众话语权回归，体现着某种意义上的人文关怀，也建构了更加自由、平等的传受关系。同时，这种文化存在巨大的商业价值，经济利益驱使下，大众传媒越来越依赖受众的选择求得生存发展，进一步从"传者中心"走向"受众中心"。数字化时代，每个现代公民都能够参与传播过程，拥有向他人传播信息的潜在能力。窥私文化的流行使个性化、民间化和非专业化的表达成为一种潮流。民间的表达潮流强化了社会大众作为传播活动主体的地位，使其与传播主体有更多的交流和对话。这种表达和交流成为现代人内心压力的一个出口，一种解压阀。在"表达"与"倾诉"、"窥视"与"被窥视"中，个人获得了身心的解放。

① [美]尼尔·波兹曼，章艳译：《娱乐至死》，广西师范大学出版社2004年版，第67页。

第三节　集体窥视绑架了现代生活

群体性自我表露的热潮是数字时代独有的现象，大众传媒建立起联通全球的传播网，将含有隐私信息的内容传送给每个有接收装置的受众，自我表露不再是个体行为，而是大众共同参与的活动。人的本质在于其社会性，现代人早已深深融入数字化、智媒化的社会交往中，私人生活无可避免地与社会相关联。我们在朋友圈、微信群中常见到好友因购买火车票而发布的助力请求，若不设置隐藏目的地，那么点开加速器可能会知晓朋友即将乘坐火车去哪，私人行踪是一个较为隐秘的信息，但是为了快速获得朋友的助力，许多人在发送请求时，甚至不设置隐藏目的地。媒介的使用，突破了时间与空间的限制，私人空间面临威胁。使用社交工具，就像是发出了一句邀请——欢迎参观我的私人空间。社交媒体成为人们展示与窥视的工具，社会生活、舆论走向一览无余，人们面临一种被脱光的赤裸感，这剧烈冲击着人们原先形成的生活方式和价值观念。

一、大众传媒掀起了自我披露的热潮

为了吸引更多受众资源，传媒关注大众的需要，运用各种手段拉拢广大受众，甚至为了满足受众的需要铤而走险。大众传媒作为信息收集、处理平台，为自我披露的发展提供便利条件。一方面，大众传媒为人们公开个人隐私提供机会，人为策划以展现自我主题的综艺节目，将人们的一切行为举止暴露到镜头前。另一方面，一些娱乐报纸专门挖掘明星隐私，然后公之于众。一些小报、杂志甚至将传播明星八卦作为吸引受众的最主要手段，他们的报道多与明星恋情、丑闻有关。20世纪，电视作为集视听为一体的媒体，为受众提供逼真的画面和音响，使人如临其境。电视同时满足节目表演者吸引注意力的成名需要，和观众对隐私消费的心理欲望。与此同时，社会制度变革带来社会价值观演变和人们观念的更新，以自我表露为核心的相关产业应运而生。

自我披露已经发展到一个新的阶段，人们厌倦了夸张的、表演式的自我表露，而更在意细节化的、自然流露的内容。微博、微信等新媒体的发展在其中充当了重要推动力。媒体的发展影响了现代人的价值观。千篇一律的"网红脸"不再受追捧，富有个人风格的新面孔成为潮流。普通人成为大众视野中的明星，明星成为带着光环的普通人。当然，受众和媒体之间既存在同一性，又存在差异性。受众将新媒体中用户生产内容视为真实存在，才能理解其中的意义，建立起受众与媒体的关系。但是，如果用户生产内容所呈现的"真实"与受众的日常生活完全一致，就失去了美学意义。正是差异性使观众以观看他人生活的视角来想象、参与网络互动，观众的欲望在网络用户的自我呈现中得到满足。用户生产内容看似给我们提供了海量的信息，但这些信息几乎没有多大价值。它的重要性似乎仅取决于信息更新的速度，和圈里人提供茶余饭后的谈资。很少有人系统性地去解读信息，人们沉浸在观看他人的生活里。媒体成了新认识论的指挥中心，任何一个公共话题都能在媒体中找到位置，媒体无孔不入。尼尔·波兹曼曾经痛斥，现代人完全认同电视对真理和现实的定义。通过电视的表现手法，无意义的事物在人们的眼中充满了意义，即便是不完美的表达也被认为合情合理。电视却只关注娱乐和经济效益，正在把文化界转变成娱乐业的广阔舞台。[①]这同样适用于全民疯狂参与自我表露热潮的今天。

二、被麻醉的现代人

进入现代社会以前，私人领域和公共领域泾渭分明。哈贝马斯认为，随着公众的主要沟通方式由阅读书籍变为依赖大众传播媒介（包括报纸、杂志、广播、电视等），社会的公共领域消失了，文化批判的公众逐渐转为文化消费的公众，"公共领域"在消费公众的意识中被严重的私人化，并成为发布私人生活故事的空间。与此同时，私人领域逐渐公共化、公开化，两者的界限被模糊了，"道德滑坡""精神危机""行为失范"等现象层出不穷。

（一）公私领域模糊

现代社会具有强大的包容性，不同的社会群体往往有着不同的价值观，这使得人们对对与错、是与非没有统一的认识，社会成员之间不再拥有共同的理想、信念、情感以及共同的行为评价标准，集体意识也变得淡薄，忽视道德规范对自身的约束，人们越来越关注自己的物欲，而忽视对社会和他人的责任。池田大作曾说："在物质文明所笼罩的当今世界，'个人对人生的责任'这一概念早已消失。当今世界是，人只是独立地面对自己的欲望，只追求自身欢乐的满足。"[②]这种现象导致了现代人普遍的自我迷失和精神危机。

---

① 陈晓明：《挪用、反抗与重构——当代文学与消费社会的审美关联》，载《文艺评论》，2002年，第3期。

② [日]池田大作，铭九、庞春兰等译：《我的人学》，北京大学出版社1997年版。

窥视文化影响着受众，一种新的价值观念已经形成。当生活被工业化主导，人们背负诸多压力无处释放，这种情绪需要新的价值观和自我认同来疏解。自我披露、窥视特定群体的生活，能使人们获得归属感、自由感，感受自我独特的社会地位和权利，以此来消解大众传播所塑造的社会阶层分化给人们带来的恐惧。大众传媒顺应这种社会潮流，带来了一个"娱乐至死"的时代，以娱乐的、窥视方式呈现公众话语，一切文化内容都心甘情愿地成为娱乐的附庸。丹尼尔·贝尔认为，消费社会是指后工业社会，在这样的社会里，消费成为社会生活的生产的主导动力和目标。①隐私和其他物品一样成为商品，社会大众通过分享隐私，构建自我并获取利益，隐私披露和窥视成为一种新的消费形式。社会价值观的畸变是集体偷窥行为的外在原因。在我国社会，贫富差距给市民社会的建设带来阻力，公共生活无法满足大众的所有需求。公共领域的失意，使人们无奈地退向私人领域，在私人领域中寻求刺激和满足。网络技术的发展为此提供了条件，并逐步开放了人们的私人领域。社会大众既可以通过社交媒体进行自我公开、网络互动，吸引他人注意力，又可以窥探他人的私生活。

（二）社会问题下的"透明人"

现代人通过展示与窥视来释放压力、展现自我的独特性。与此同时，人们心中也有一个疑问：个人隐私信息是否会在自己不知情的情况下被他人传播和利用。隐私安全问题引发社会的关注与讨论，人们产生了隐私忧虑。智媒时代的到来提高了信息的数字化程度，也增加了隐私泄露的风险。事实上，现代人几乎毫无隐私可言，成了昆德

---

① 陈晓明：《挪用、反抗与重构——当代文学与消费社会的审美关联》，载《文艺评论》，2002年，第3期。

拉所描述的"透明人"。"透明"形容物质能透过光线，通澈明亮，从比喻意义上来说，"透明"意味着清楚地展现事物的原貌，坦诚而不伪饰。同时，"透明"也意味着取舍，在一些场景中，人们对"透明"的追求带有强制的意味。自我表露与集体窥视的潮流点燃了现代人对"透明"的热情，"透明"原本是个体的一种选择，但是在一些情境中人们把"透明"当作对他人的要求，忽略了人的羞耻心，忽视了个人与社会的合理距离。公共领域和私人领域的边界模糊导致人们有时会忽略合理的距离，在交往中缺少深度思考，而是急不可耐地追求感官刺激。"当今社会中，到处洋溢着对'透明'的热情，而人们的当务之急是培养一下对距离的热情。""当行为变得可操作，当它们屈身于可计算、可调节、可控制的过程，行为就成了透明的。"①机器学习是人工智能的核心，海量数据为机器学习提供依据，应用数据越多，则机器学习的结果越准确。为了提供更好的服务，智媒平台大量收集用户的使用行为，分析用户的习惯与喜好，为用户推送其可能喜欢的内容。人工智能已经具备一定的预判能力，辅助用户更快地做出决策，尤其是在一些重复性事件中发挥其快速、准确的优势。"移动传播的本质是基于场景的服务，即对场景（情境）的感知及信息（服务）适配。"②在万物皆媒的时代，机器和各种智能物体都有媒体化的可能，在人机合一的趋势下，智媒能够更深入而细致地分析用户的行为与需求，③从而实现场景与服务的匹配。智媒平台在为用户提供服务的过程中，会基于用户的习惯与喜好勾勒用户画像，并综

---

① 韩炳哲：《透明社会》，中信出版社2021年版。
② 彭兰：《场景：移动时代媒体的新要素》，载《新闻记者》，2015年，第3期。
③ 彭兰：《智媒化：未来媒体浪潮——新媒体发展趋势报告（2016）》，载《国际新闻界》，2016年，第11期。

合用户的生活环境、用户的位置与实时状态等因素来预判用户需要，为用户提供与诉求相匹配的服务。大数据和人工智能技术为人们提供了大量信息与个性化的服务，人们享受着技术便利的同时也付出了高昂的代价，人们难以删除与自己有关的数据。

Chapter 4

监控与遮蔽：
社会治理与隐私保护

有效的社会治理是保证国家或社会组织有序运行和发展的前提。治理（governance）概念源自拉丁文和古希腊语中"引领导航"（steering）一词，原指控制、操纵，在某一范围内行使权威。随着现代社会的发展，社会力量成长起来，各类社会组织对公共生活的影响增加，社会分化导致民众认知分化，治理的范围扩大，泛指对公共事务的管理。罗茨将治理的语境总结为六个向度，作为最小国家的管理活动的治理、作为公司管理的治理、作为新公共管理的治理、作为善治的治理、作为社会控制体系的治理、作为自组织网络的治理。①社会治理对应作为社会控制体系的治理，侧重于政府与民间的合作与互动，在维护公共利益的基础上调和冲突。

进入智媒时代，社会治理面临着更加复杂多变的处境。在智媒时代之前，尽管社会治理作为一项复杂的系统治理工程，有序展开会面对困难和挑战，但长期社会治理过程中积累的经验可以有效帮助治理者应对这些困难和挑战。智媒时代相对于传统媒体时代而言是一个全新的时代。数字化生存中的社会成员在现实世界和网络世界自由地游走，其行为轨迹更加复杂多变。在这种情况下，社会治理者必须拥有"互联网思维"，用更加具有针对性的治理手段治理社会。而社会监控，包括显性的视频监控和隐性的数字监控显然不可或缺。但是，监控的广泛使用也有可能伤及公民的诸多权利，这就特别需要社会治理者拥有智慧。

① R. Rhodes, 'The New Governance: Governing Without Government', Political Studies 4 (1996), pp.652-667.

第一节　监控——作为基础设施

　　监控作为一种社会治理的手段，一直发挥着重要的作用。《水浒传》塑造的梁山好汉中，有一位绰号"托塔天王"的晁盖，他原是梁山附近的济州郓城县东溪村的富户，任村里的"保正"一职。《水浒传》第十四回记载："原来那东溪村保正姓晁，名盖，祖是本县本乡富户，平生仗义疏财，专爱结识天下好汉，但有人来投奔他的，不论好歹，便留在庄上住；若要去时，又将银两赍助他起身。"历史上"保正"这个职位是真实存在的，来自于宋朝的役制。宋朝开始设保甲制度，以"户"为基本单位，维持乡村治安，有相保、互督之意。《宋史·志第一百四十五 兵六（乡兵三）》中记载："熙宁初，王安石变募兵而行保甲，帝从其议。三年，始联比其民以相保任。及诏畿内之民十家为一保，选主户有干力者一人为保长。五十家为一大保，选一人为大保长。十大保为一都保……每一大保夜轮五人警盗。凡告捕所获，以赏格从事。同保犯强盗、杀人、放火、强奸、略人、传习妖教、造畜蛊毒，知而不告，依律伍保法。"保甲制度是封建社会长期延续的一种社会统治手段，将国家关系和宗法关系融合为一，族群观念被纳入统治观念中，对社会的管理和监督深入行政末梢——乡土社会。"保甲之设，所以使天下之州县，复分其治也……保长甲长之所统，地近而人寡，其耳目无不照，善恶无所匿，从而闻于州县，平其是非，则里党得治，而州县亦无不得其治……天下唯一家一人不治焉。"①在中国古代，家庭是社会的基本构成单位。在血缘和地缘的基础上，多个家庭构成家族，为个体提供保护，也监督家庭成员的行为。一般来说，国家权力的加大能强化社会控制，但这并不适用于传统的乡土社会。中国幅员辽阔，保甲制度便于实现政权对地方社会的控制，尤其是对偏远地方的行政管理和治安维护，保甲制度起到了有效的监视和控制作用。在人类历史上，无论是氏族部落的间谍活动，还是封建王朝中的保甲制度，都充斥着监控的影子。监控的意义显而易见，原始生物在追捕猎物时，需要获取足够多的猎物信息，从而顺利捕猎。美国学者拉·法拉戈认为，人类最早使用的武器就是石块、棒子和情报。原始社会中的监控，是生物维持生存状态的武器。监控旨在维护社会秩序，但是，监控是一把双刃剑，在维持社会秩序的过程中，也有可能伤害个人的权利，因此应该平衡个人利益与公共利益。

公共领域中存在诸多选择，有限资源的分配常导致难题，所以必须制定相应的规则并加以监督落实。虽然人们逐渐意识到，遵从共同的规则有利于持久的社会活动，个人目标要在尊重他人利益的前提下实现，但是也有人认为眼前的利益比长远的利益更重要，此时，人们需要规则与监督。例如，交通规则规定了车辆与行人各自的道路，红绿灯标明行走的时间，道路视频监控记录下不遵守规则的人后，交通部门开出罚单并通知本人。人们对交通规则已建立预期：无论是谁，只要违反规则就要承担一定的后果，道路监控设备监督了交通行为，抑制了人们违反规则时的侥幸心理。监控设施具有维护公共规则的作

---

① 闻钧天：《中国保甲制度》，上海书店1933年版，第65页。

用，它是一种约束，在个人利益和公共利益之间努力平衡，也是一种提醒——不要违反共同的约定，监控设施具有普遍的平等互利性。为了服务公众利益、保障社会活动正常运行而普遍存在的监控，就成了一种基础设施。

一、监控的起源：观看与权力

现代智人诞生之初，以血缘为纽带建立团体，人与人之间有着简单的合作共生关系。随着人类团体的规模增长、社会分工的丰富与分化，团体内部的组织性更为复杂，人与人的关系多样化，出现了专门协调组织内部关系的管理者，收集、调整其他人的信息和工作内容，人类开始进入文明社会。文明社会自形成时便有了"监控"，作为收集情报的手段之一。历史上，武则天开特务政治的先例，专养人探隐私，以告密为业。朱元璋设置检校，遍布朝廷内外，监察大小衙门不公不法之事，随时向皇帝报告。朱元璋还设立锦衣卫，收集军政情报，监督官民行为。检校有监视探查之责，无其他权利。锦衣卫则有一支专门的部队，并设法庭和监狱，有缉捕生杀大权，可见锦衣卫不仅具有收集信息的"监视"职能，因其还掌握执法和司法等权力，而具有"监控"职能。"人对人的监控"持续了很长时间，直到技术革命创新并完善了监控的形式。从二战中各国互相截取无线电报，到2013年"斯诺登"事件爆出了美国国家安全局获取数百万用户的通话记录、监控主要网络巨头的服务器，以及脸书用户数据泄露事件，数千万涵盖个人信息的脸书数据遭泄露，监控的外在形式不断发展，并与技术结合得更加紧密。人们更是不可避免地步入监控范围。

不对称的观看意味着一种权力。个体脱去个性，自动地成为被观看者，并接受控制、管理时，就形成了对每个人生效的制约机制。边沁的全景敞视建筑为大家所熟知：一座被分成许多小囚室的环形建筑，中间有一座瞭望塔，瞭望塔的窗户对着环形建筑。每个囚室都有两扇窗户，一扇对着瞭望塔，另一扇对着外面。管理者在中心瞭望塔安排一名监督者，通过逆光效果，监督者可以从瞭望塔观察四周囚室里的被囚禁者。被囚禁者的行为可以被随时观看。传统的牢狱是封闭的、黑暗的，被囚禁者的行为可能被隐藏，全景敞视建筑将光线引入囚室，观看囚禁者的行为既是监督者的权力，也是职责所在。被囚禁者分别在一个个小囚室中，囚室之间的墙壁隔绝了被囚禁者间的互动，则是一种横向的不可见。由于被囚禁者间难以互动，横向不可见的囚室对维持秩序、隔绝疾病传染有很大的帮助。这种关于权力和监控的隐喻在现代社会具有十分现实的意义。比如2019年新型冠状病毒性肺炎暴发后，国内对疑似患病者实行隔离管理，大到每座城市，小到每个小区、单位，都划分出专门的隔离区域。隔离者被安排在单独的房间中，与其他隔离者保持一定的距离，大大降低疾病传染的概率。管理者一方面通过测温、核酸检测等方式观察隔离者，另一方面则使用网络数据追踪其隔离前的行动轨迹，推测其他可能的患病者。观看的形式多样，对身体的检测、出行数据的整理是其中一种。在特定的时间中，隔离者暂时封存一部分个性，呈现出一种被隔绝和被观看的孤独状态。管理者从公共利益出发，从事数据的收集、整合与分析，进行合理合法的"监视"。隔离期间，为了集体抗疫的目标，隔离者默认了自身被持续观看的状态，与管理者合作以期共同目标的实现。边沁认为，权力应该是可见的但又是无法确知的。由于囚室窗户的对面就是同样设置窗户的瞭望塔，被囚禁者知晓自己可能会被窥视，却不知道自己在何时会受到窥视。在边沁的设想中，中心瞭望厅的窗户应装上软百叶窗，通过曲折的通道在瞭望塔的各区域中穿行，避免因声响或光线的变化而暴露监督者的存在，使囚犯无从得知监督者的行踪。全景敞视建筑分解了观看与被观看的行为。在中心瞭望塔，监督者可以随时观看囚犯，处在环形建筑中的囚犯无法观看，却时刻处在被监视的环境中。在现代社会，全景式的监视应该在法律允许的范围设立，目的是出于公益需要，对象是特定的人群，并且在具体的时间段内设立，它并不适用于普通民众。

公共空间是公共生活的基础。社会治理者通过观看，在空间的意义上管理社会成员，使权力的行使更加完善。在福柯的语境中，全景监狱模式的广泛应用表明了现代社会权力体系向整个社会的扩散，结果人们普遍受到权力的监视和规训。"我们的社会不是一个公开场面的社会，而是一个监视社会。"我们"处于全景敞视机器中，受到其权力效应的干预。这是我们自己造成的，因为我们是其机制的一部分"。[①]权力行使过程中总会追求理想效果，而全景监狱式的监视则是有效的方式之一。当这种方式经年累月被社会治理者从理念到实践接受和践行，社会成员也会逐渐接受和训服。随着网络的发展和社交媒体时代的到来，现代社会的权力运行方式与福柯描述的"全景监狱"有所不同，观看与被观看的二元机制被打破，可见性成为公共生活的基础，空间具有了更强的社会性和公共性。福柯所描述的封闭的、静态的空间转变为开放的、动态的空间，并且不断与其他空间产生关系，这个动态的空间难以规训。

---

① [法]米歇尔·福柯，刘北成、杨远婴译：《规训与惩罚》，生活·读书·新知三联书店2016年版，第243页。

第四章　监控与遮蔽：社会治理与隐私保护

　　20世纪后期，公共视频监控渗透到人们的日常生活之中。"与全景监狱所不同的是，这些'囚犯居民'无须关在任何建筑物中居住；他们只需继续进行其刻板的日常生活即可。"①公共视频监控系统，就像一个超级全景监狱，它通过"环形线路"，对整个社会居民进行着无处不在的监视和规训。"如果说全景监狱的权力散布把整个社会构建成一个个监狱群岛，那么超级全景监狱就把整个社会构建成一个庞大的监狱。"②虽然在这里的"监狱"不同于我们通常理解中的"监狱"，但"被控制""被监视"的功能却是类似的。在数字化时代到来之前，即使在公共空间同样存在视频监控，但这种监控所获得的资料在存储、传播等方面都存在诸多客观限制。而在数字化时代，存储和传播都变得异常便捷。公共视频监控数据可以在很短的时间内传播开来，形成一个监控网络数据库。加上监控系统中的数据提取非常方便，如果相关部门监管不到位，数据滥用将会导致严重的后果。

　　在福柯论述的全景监狱中，个体是相对集中的，他们能够意识到自己的身份和受到的约束，具有一定的自觉意识。而在波斯特的超级全景监狱中，个体是分散的，他们接受着更加隐蔽的监视和规训，有时个体甚至在毫不知情的情况下被监视着。"全景监狱所构建的主体是现代的、'内在化了的'个体，是意识到他或她自己的自我决定性的个体。主体构成过程属于一种'主体化'，即通过他们的某种（虚假的）特有内在性而生产这些个体。与此相反，超级全景监狱中的主体构建采取'客体化'这一相反路线，即通过分散的身份、通过连个

---

① [美]马克·波斯特：《第二媒介时代》，南京大学出版社2001年版，第97页。
② 张金鹏：《超级全景监狱：信息方式下的权力技术——波斯特论信息方式下的统治模式》，载《哲学研究》，2007年，第8页。

体都没意识到的身份生产这些个体。"①以互联网为代表的新媒体技术的出现，使监控进入了一个崭新的阶段。在无意识的情况下，公民主动步入公共视频监控区域内，监控信息被录入数据库，并传播到相关的社会机构，这颠覆了传统。公民已经意识到这种状况，然而无奈的是，一方面公民不能退出所有的公共生活空间；另一方面，公民几乎无法控制这些数据的流动。在超级全景监狱中，每一个人都无可避免地处于匿名的权力系统的监视与规训之中而无处可逃。事实上，公民心甘情愿地进入超级全景监狱的监视中，默许它的合理性。同时，"全民都参与了这一自我构建过程，把自己构建成超级全景监狱规范化监视的主体"。②正是公民也许无奈的参与构建了普遍监视的超级全景监狱。

监控，由监视和控制构成，前者是观看，后者以权力为依托。现代国家建立起庞大的社会观测网络，整合大量的情报信息，并将这些信息用于社会治理中，建立从情报获取到执法、司法的监控体系。监视与控制之间存在着一定的依赖关系，二者共同作用方能达到良好的治理效果。监视是为了实现行政目标，对人或事物的监督视察，收集并整合、运用信息。控制是按照一定的标准去衡量事物状态或是计划的执行情况，若发现偏差，及时找出原因进行调整。监视是一种形势及状态，目的是发现社会发展中不符合法律法规的现象，纠正公民的不合法行为，一般来说，监视既涉及内部人员，也涉及外部利益相关者，这种全方位的观看与监督，可能涉及多种隐私类型。控制则侧重管理活动，完善管理的过程，达到较好的社会治理效果。从信息传

---

① [美]马克·波斯特：《第二媒介时代》，南京大学出版社2001年版，第128—129页。
② [美]马克·波斯特：《信息方式》，商务印书馆2000年版，第132页。

播学的角度来说，监视使用了以先进的传媒技术为依托的信息收集工具，在对一定的人或事物进行控制之前，先了解到现有的状态，从而把握后续控制的方向与力度，媒介技术进步不断更新着监控的方式，监控的权力膨胀起来。

早期的社会科学家已经注意到了监视问题。马克思等学者观察到资本对工人的监视与训诫，资本家出于对工人的不信任，通过某些手段进行监视，包括"对工人的监控、工作任务的分散、脑力劳动和体力劳动的分工以及工作的系统化"，①目的是监督工作场所中的行为。监视被用于军事目标的实现，在下达战令之前，监视是搜集情报的重要方式。当军事组织官僚化，也需要监视维持组织的秩序。著名理论家安东尼·吉登斯主张监视和军事主义具有自身正当性，而不仅仅将其看作资本主义或者官僚制的产物。②监视也被用于社会治安的管理中，为了保障安全，古代的捕头尾随追踪嫌疑人，监视嫌疑人的日常生活，降低对其他人安全的威胁。进入网络时代，出现了以科技为基础、以身体为对象的监视，技术化的治安维护成为日常，这也导致越来越多的人进入监控范围。现代化的小区往往设置身体识别类门禁系统，比如刷脸进入小区、指纹识别门锁，人们对公共空间保持警惕，身体监控成为当下的趋势。监控被运用于社会治理中，引发了社会的关注与讨论，人们往往会质疑公共视频监控等强制性监控的合法性，但是进入互联网时代以后，监控以"自愿进入"的方式缓和了原本的紧张氛围。智媒时代的监控形式多样，存在于信息收集、储存、

---

① Zureik，E. Theorizing surveillance: the case of the workplace [C]. Lyon，D. Surveillance as social sorting. London and New York：Rout-ledge，2003，p31.

② [英]安东尼·吉登斯，胡宗泽等译：《民族、国家与暴力》，三联书店1998年版。

分析整合、预测、信息利用的全过程中，几乎隐藏在现代生活的每个角落。

二、"陌生人社会"中的监视

现代社会是开放的、流动的，是一种"陌生人社会"，未知的可能彰显其生命力。虽然理性有余而信任不足，但是城市中的人不是依靠礼俗来维持社会关系，而是由理法、契约来维持秩序，理想的监视替代了乡土社会中的信任关系。费孝通在《乡土中国 生育制度》中提到，传统的乡村是"熟人社会"，是血缘和地缘的结合体，人们形成了频繁而稳定的社会联系，社会结构呈"同心圆"，"以己为中心，像石子一般投入水中，和别人所联系成的社会关系，不像团体中的分子一般大家立在一个平面上，而是像水的波纹一般，一圈圈退出去，愈推愈远，也愈推愈薄"。①在中国传统文化中，无数个家庭、家族组成了社会。人与人之间有着深层次的联结，通过社会交往组成了一定的利益关系。国外也有学者提出了与熟人社会类似的概念。滕尼斯提出了"共同体"的概念，他认为"共同体"是自然形成、整体本位的小群体社会，在这个社会中，人们密切接触、互相熟知，社会靠传统文化的力量和占主导地位的约束性法律，将依赖性较低的众多同质性个体凝结为一个有机整体，进而达到社会的良性运转和高度和谐。②在熟人社会中，人们长期生活在自己的土地旁，有着稳定的生活状态。人与人之间的交往会考虑关系的亲疏远近，彼此之间相互信任。传统差序格局强调社会关系的亲疏远近，产生的是一种强关系

---

① 费孝通：《乡土中国 生育制度》，北京大学出版社1998年版。
② 檀传宝：《论惩罚的教育意义及其实现》，载《中国教育学刊》，2004年，第2期。

的文化。而新差序格局强调生活、学习和工作中获得并维持的关系系统，产生的是一种弱关系的文化。①

现代社会是一种"陌生人社会"，人与人之间互相不太了解，也不太信任彼此。费孝通认为，在陌生人社会中，"各人不知道各人的底细，所以得讲个明白；还要怕口说无凭，画个押，签个字。这样才发生法律。在乡土社会中法律是无从发生的。'这不是见外了吗？'乡土社会里从熟悉得到信任。乡土社会的信用并不是对契约的重视，而是发生于对一种行为的规矩熟悉到不假思索时的可靠性"。②"陌生人社会"的结构呈现出无数个相交却不重合的圆圈，有无数个中心，和无数种相交的可能，如果缺失秩序，则容易产生混乱的情况。从乡村的"熟人社会"转型到"陌生人社会"，人们的亲近性降低而陌生感提高，原有的伦理和秩序不再适用，新的管理体系正在建设中，新旧交替之间容易引发社会失序。从熟人社会到陌生人社会，社会的边界在变化，人与人之间的边界也在发生着改变，这与经济规模扩大、人员流动性增强有关联。随着城市化进程的加快，越来越多原本生活在乡村中的人走进城市寻找工作机会。从乡土社会走出，走进陌生人社会，人们可能会感觉到不太适应，原本在乡土社会中已经形成的社会交往准则并不适用于陌生人社会。在乡土社会中，道德发挥了重要的规范、调节人与人的关系的作用，而在陌生人社会，法律规范了人们的行为。齐美尔在《陌生人》一文中指出，一个外来者的进入与停留意味着将一种新的、异质的因素导入了一个一直固定于特

---

① 王炎龙、刘叶子：《基于社会网络分析的公益机构微博信息传播网络研究》，载《新闻界》，2019年，第8期。

② 费孝通：《乡土中国 生育制度》，北京大学出版社1998年版。

定地域空间中的群体（一个熟人共同体），并使之面临一种新的"正面的关系"。弗里德曼在《美国法律史》中指出，在现代社会里，我们的健康、生活以及财富等受到我们从未而且也永远不会谋面的人的支配。①陌生人社会源于越来越细致的社会分工，但巨大规模人口的分工社会塑造的是有规范的陌生人社会。涂尔干在《社会分工论》中将由分工所形成的社会视为有机团结社会，以区别于缺乏集体意识的机械团结社会。契约、合规、法律是社会分工体系形成的重要基础。②在陌生人社会中，需要加强社会管理建设。德国社会学家乌尔里希·贝克提出了"风险社会"理论，指出现代社会是一个风险社会，现代化社会形态中的未知的、意料之外的后果成为了历史和社会的主宰力量。③处于这个社会中的人面临着各类风险。规则与契约在平衡社会成员之间的关系方面发挥了作用，同时，应当加强对社会的监控。

监控的普及来自于公共利益的迫切需要，深层次原因是国家权力的集中和社会治理中的技术手段的运用，是社会治理者与民众之间的合作，为良好的秩序而共同努力。吉登斯认为，监控是为了行政目标而对信息进行的核对和整理，对有关社会活动或事件的程规化信息的运用，事实上是组织得以存续的基础。无论在传统社会还是现代社会，尽管并非只存在权威性资源，但行政力量仍然是权威性资源造就的支配中心。只有当信息编整在现实中被直接用于监管人类的活动，

---

① 马吟秋、刘佩峰：《探索陌生人社会的秩序与规范》，载《中国社会科学报》，2022年1月19日。

② 马吟秋、刘佩峰：《探索陌生人社会的秩序与规范》，载《中国社会科学报》，2022年1月19日。

③ 贝克、邓正来、沈国麟：《风险社会与中国——与德国社会学家乌尔里希·贝克的对话》，载《社会学研究》，2010年，第5期。

以便人类活动从其与传统和地方共同体生活的互为牵连的状态中部分分离出来时，行政力量才能建立起来。[①]吉登斯主张监视处于现代生活的中心，监视既指编码信息的不断累积，又指对社会生活的直接监控，[②]在他的启发下，笔者注意到智媒时代的"监视""监控""编码信息"分别对应不同的内涵。虽然"编码信息"是"监控"的一种手段，但是二者有明确的区分，而智媒化的"监视"正在缩小这二者的区分。随着技术的发展，监视趋于自动化且更加依赖数据，跨平台的数据融合之下，我们对监视的思考应该不再局限于民族国家的范围内（比如商业领域中的监视实践等），监视蔓延至生活的方方面面，监视无所不在。

第二节　公共场所的监控

公权力进入社会的方方面面，全景敞视建筑的理念已经融入社会文化中，监控模式由人对人的"躯体监控"过渡为借助机器对人的"技术监控"。吉登斯将监控、资本、工业、军队作为现代性的构成要件：同资本主义和工业主义一样，监控成为与现代性兴起相关的第三个制度性维度。监控对与现代性的兴起有关的所有类型组织来说，都不可或缺。民族国家的监控达到了以往社会秩序类型无法比肩的程度。[③]监控理论和实践促使我们反思当下的社会。随着科技的飞速发

---

① 转引自师素：《构造与博弈：互联网监控的权力关系解构》，载《行政法学研究》，2017年，第5期。
② ［英］安东尼·吉登斯，胡宗泽等译：《民族、国家与暴力》，三联书店1998年版。
③ ［英］安东尼·吉登斯，田禾译：《现代性的后果》，译林出版社2000年版，第53页。

展，"监控"被赋予了更多的技术含义，出现"新监控"，比如利用摄像机、数据挖掘、基因分析等技术手段从公共场所和私人领域中获取数据。传统的监控是人对人的密切观看，而当下的条件已经可以借助技术手段进行远距离的、场所性的、智能化的"新监控"。为了社会治理目标的实现，公共场所运用了大规模的监控，包括有形的视频监控和无形的数据监控，这一方面有益于应对社会风险、维护公共安全；另一方面，有序社会不仅关注公共利益，也应尊重每一位公民的个人隐私。

公共场所是什么？"公共"意为属于社会的、公有的，"场所"意为活动的处所，公共场所可以理解为属于社会的、公有的活动场所。公共场所的含义不能简单从字面意思来理解，一个场所是不是公共场所，应以场所使用者的目的来判断。公共场所是指该场所的使用者（或占有者）的意志，用于公共大众进行活动的空间，[1]公共场所对社会大众开放，允许社会大众进出而不需要带有特定的目的，一般也不需要场所管理者的许可。例如，饭店是公共场所，其所有权可能属于饭店的投资者。不能用所有权来定义公共场所。从场所的用途来考虑，当一个场所用于公共事务的时候，就是公共场所；当一个场所用于处理私人事务的时候，就不是公共场所。一个场所的用途通常是由该场所的所有者意志决定的。比如公园、广场、街道、电影院、百货商场是公共场所；但是，公园的洗手间、百货商场的试衣间又不是公共场所。"公开场合是人们可以自由出入的场合，例如城市道路、公园、田野、商场、饭店、剧场等。但是，有些公开场合中还可拥有

① 张新宝：《隐私权的法律保护》，群众出版社2004年版。

私人场合。例如，我们将饭店列为公开场合，但饭店的客房属于典型
的私人场合。"①当然，部分公共场所的开放有时间限制，可能需要
购买门票（比如公园、动物园等）。从法律的角度来看，公共场所的
范围包括了向公众开放的、为公众从事餐饮、住宿、娱乐、购物、文
体活动、教育和医疗等活动提供设施和服务的场所。国务院于1987年
发表并实施的《公共场所卫生管理条例》中提及，该条例适用于7类
公共场所：

（1）宾馆、饭馆、旅店、招待所、车马店、咖啡馆、酒吧、
茶座；

（2）公共浴室、理发店、美容店；

（3）影剧院、录像厅（室）、游艺厅（室）、舞厅、音乐厅；

（4）体育场（馆）、游泳场（馆）、公园；

（5）展览馆、博物馆、美术馆、图书馆；

（6）商场（店）、书店；

（7）候诊室、候车（机、船）室、公共交通工具。

从理论概念的角度，公共场所主要是与私人场所相对的概念，指
允许公众自由出入、活动的处所。有学者认为，判定是否属于公共场
所，关键在于辨别该场所是否可以自由出入，即是否具有明显的公共
性。②这包含两层含义：一是公众无须经过管理人员的允许，可以自
由出入。二是执法人员进入公共场所不需要取得搜查证。有一种错误
的做法是，判定公共场所时采取过于绝对化的方式，这种做法比较死
板、缺失人性关怀。事实上，应当基于特定的环境和情况判定公共场

---

① 顾理平：《隐性采访论》，新华出版社2004年版，第183页。
② 陈俊熹：《公共场所中隐私权保护的探究》，载《法制博览》，2019年，第11期。

所。比如，在自己的房子里举办一场开放的聚会，此时的房子不再是完全的私人领域，而是半开放的公共场所。但这里需要注意一点，个人住宅本质上是私人场所，之所以可以成为"半开放的公共场所"，主要基于住宅主人的意愿，而且必须注意到一个关键要素：开放的时间，即只有在确定的时间里，才可以"开放"，其余时间依然属于私人场所。

一、有形的公共视频监控

公共视频监控自21世纪初得到迅猛发展，与社会治安综合治理、公共安全技术防范、科技强警等政策与项目的推动密切相关。在各类有形监控中，公共视频监控因完善的设备体系和较高的使用效率而具有典型意义，这是社会治理方式方法的创新，有助于城市管理和城乡居民服务。我国已经初步建立起公共视频监控治理体系，但总体而言我国公共视频监控体系存在分散性、法律缺失等特点，相关法律文件多为"地方政府规章"，处于法规体系中的较低层级，缺少较为统一的国家层面的立法，公民信息数据库尚不完善，对公民个人隐私的保护不足，需要规范公共安全视频图像信息系统的应用和维护管理。

"公共视频监控"并非是法律概念，在制定法中多使用"（社会）公共安全视频图像信息系统"的概念。比如，《北京市公共安全图像信息系统管理办法》（2006）第3条规定：本办法所称的公共安全图像信息系统，是指利用图像采集设备和其他相关设备对涉及公共安全的区域进行信息记录的视频系统。《广东省公共安全视频图像信息系统管理办法》（2009）第2条第2款规定：本办法所称公共安全视频图像信息系统，是指采用视频监控技术设备，对涉及公共安全的场所和区域进行图像信息采集、传输、显示、存储和管理的系统。朱慧芬教授认为，公共场所图像监控设备的设置与运转是以维护公共利益与保护人权相统一为前提的。设置在公共场所的图像监控设备是警察的替身，是公众视线的集合，是对公共空间的自然观察和记录。①

交通管制、预防犯罪、侦破案件是公共视频监控的主要功能，它对治安维护、减少犯罪起到了一定的作用。不仅如此，在设置视频监控探头的场所中，人们会有一种安全感。目前，公共视频监控广泛地设置在马路、停车场、服务性场所、小区、学校等。公共视频监控不仅提高了抓捕罪犯的效率，也为现实生活中的各种纠纷的处理提供了图像证据。海伦·威尔斯等人总结了公共视频监控系统的五个功能：一是公共视频监控能够预防犯罪，从心理上威慑潜在的犯人，使其不敢轻举妄动；二是公共视频监控有助于发现违法犯罪行为，减少犯罪带来的损害；三是公共视频监控便于收集违法犯罪的证据，提高起诉成功的比例；四是公共视频监控为人们提供了安全感，减轻了人们对违法犯罪行为的恐惧；五是公共视频监控能够帮助警方或安全机构有效管理特定场所。②国内的公共视频监控系统建设已有一定的规模，早在2010年，北京市的公共视频监控探头数量达40余万个，③在上海市世博会开幕前，上海市安装的公共场所摄像头达20余万个。④2015年5月6日，国家发展改革委联合中央综治办、科技部、工信部、公安

① 朱慧芬：《公共场所监控图像采集利用与隐私权保护研究报告》，载《政府法制研究》，2009年，第8期。
② 马静华、张澈瀚、王琴：《公共视频监控：运行机制、刑事司法与警民态度》，法律出版社2017年版，第14—15页。
③ 易明灯：《北京公共摄像头达40万个，覆盖主要道路商场银行》，载《北京日报》，2010年4月22日。
④ 程维：《重庆将在辖区内安装50万个摄像头》，载《第一财经日报》，2010年11月23日。

部等九个部委联合下发了《关于加强公共安全视频监控建设联网应用工作的若干意见》，将公共安全视频监控系统联网应用确立为新形势下维护国家安全和社会稳定、预防和打击暴力恐怖犯罪的重要手段，并提出：到2020年，基本实现"全域覆盖、全网共享、全时可用、全程可控"。

国外已经建立起具有相当规模的公共监控系统，1992年的詹姆士·巴尔杰被杀案是英国大规模建设公共视频监控系统的导火索，在这起案件的侦破中视频监控系统发挥了作用。[1]此案之后，英国在公共场所设置了更多的视频监控探头，据一份报告显示，早在2000年，英国已经拥有不少于420万个视频监控探头。[2]美国在公共视频监控方面的投入也很多，华盛顿特区在2008年已设置超过了5200个监控探头，芝加哥市在2011年已拥有或有权限接入近10000个监控探头。[3]

法律实施过程中经常会面临一个难题，即如何处理公共利益与个人利益的关系。这一难题在公共视频监控中也存在。从公共利益出发，公共视频监控有益于维护治安、保护个人的人身财产安全，但是对个人来说具有一定的干预性。从个人权益出发，基于对公民的基本权利的尊重，对公共视频监控的安装、使用应有所限制。在这个追求主体自由的时代，公民已经不再满足于私人住宅、私人领域之内的"私生活"，在公共场所中也寻求对隐私权的保护。从法理上讲，人们在公共场所的行为应该包含了"主动昭示于人"的主观倾向，因而

---

① Aileen B. Xenakis. Wshington and CCTV: It's 2010, Not 1984 [J]. 42 Case W. Res. J. Int'l L. 573 (2010).

② 李政言：《公共空间监控场景下个人生物识别信息的法律保护研究》，吉林大学，2021年。

③ Adam Schwartz. Chicago's Video Surveillance Cameras: A Pervasive and Poorly Regulated Threat to Our Privacy[J]. 11 Nw. J. Tech.&Intell. pp. 47−48(2013).

第四章 监控与遮蔽：社会治理与隐私保护

个体应该自我约束自己的言行。但事实上，个体在公共场所的言行并不应该借由视频监控被扩大知晓范围和传播。在公共场所中的公民只是让渡了部分隐私权，并没有完全放弃，只是其合理隐私期待小于私人领域。即便如此，当公民在例如娱乐场所聚会时，他们也不能接受被摄像头实时监控并记录，就算是在典型公共场所的行动轨迹，公民一般也不愿为他人所知晓。

公共视频监控在打击违法犯罪、维护治安上发挥了显著作用，但是公共视频监控也可能会对公民隐私权带来威胁。公共场所同样存在法律所保护的隐私。在公共场所滥设视频监控会对包括私人事务、私人空间、私人信息在内的公民隐私带来不利影响。比如大量无明确标示的秘密监控，使人产生无时无刻不被监视的感觉，危害人们的精神自由和心灵安宁。由于政府、企业、个人都可以方便地安装视频监控，视频监控资料容易被非法浏览、复制、传播甚至被商业化使用，私人信息受到威胁。有学者认为，公民的资讯自决权和资讯隐私权以及一般人格权行为自由会受到公共图像监视影响。[1]对公共场所图像监视应当综合考虑这些因素：权利和自由仅服从法律规定的合理限制；生命、自由与安全权不受剥夺；确保免于不合理的搜查与扣押的权利；法院救济权等。[2]综合考虑公共视频监控对治安维护的作用，及其对公民隐私权带来的风险，笔者认为，应当在公共场所中合理设置视频监控探头，并用显著的标识使人们知晓此处有视频监控探头，这样做既能够保障公民的知情权，又能够在一定程度上制约公权力的

---

① 李震山：《从公共场所或公众得出入之场所普设监视录影器论个人资料之保护》，载《东吴大学法律学报》，2004年，第2期。

② Susan C. Maclean. Video surveillance and the charter of rights[J]. 30 Crim. L. Q. 88，112. (1987).

运行。无标识的秘密监控探头可能会侵犯公民的隐私权，也不利于维持良好的社会风尚。公共利益与公民的隐私权益并不是相悖的，以下的情况可能构成对公民隐私权的侵犯：

（1）在公共场所设置无标识的秘密监控探头，偷拍、偷录。

（2）未经法定程序的批准，在公共场所中用于处理私人事务的地方设置监控探头，比如商场的试衣间、电影院的洗手间。

（3）未经法定程序的批准，将设置于公共场所的视频探头对准私人空间进行拍摄，比如将监控探头对准某一住宅，拍摄住宅内的图像。

（4）非法储存、处理、利用公共视频监控所拍摄到的图像。

制定法中也体现了对公民隐私权的关怀。《北京市公共安全图像信息系统管理办法》（2006）第9条第1款规定："设置公共安全图像信息系统，不得侵犯公民个人隐私；对涉及公民个人隐私的图像信息，应当采取保密措施。"《广东省公共安全视频图像信息系统管理办法》（2009）第4条第2款规定："公共安全视频图像信息系统的建设和应用，不得泄露国家秘密和商业秘密，不得侵犯公民的个人隐私及其他合法权益。"公共视频监控的良好运行亟须完整的法律进行规范。公共视频监控的相关法律法规应该注意三个方面：一是综合分析公共视频监控对社会的影响，既考虑到社会治安，也不能忽略公民的隐私保护；二是完善对公共视频监控的管理，培训管理人员并设置其责任范围，为公共视频监控提供资金和技术保障；三是公共视频监控的合理利用，妥善保存和处理收集到的监控信息。

在现代社会，隐私成了奢侈品，人们已经接受在公共监控面前隐私越来越少的事实。2013年6月斯诺登事件后，美国皮尤研究中心和《华盛顿邮报》进行了为期4天的调查，56%接受调查的美国人回应说，他们相信跟踪美国人的手机通话记录的美国国家安全局计划，对政府调查恐怖主义来说，是一种可以接受的方式。但是，也有41%的人认为这是不可接受的。①一项由美国有线电视新闻网、《时代周刊》和新闻调查机构ORC在波士顿马拉松爆炸案之后发起的民意调查显示，美国人担心政府建立日益侵扰的摄像监控政策。调查结果显示，有61%的美国人表示他们更担忧政府会以打击恐怖主义的名义制定新的安全政策，这将限制他们的公民自由。当被问及是否愿意以打击恐怖主义的名义牺牲公民自由时，49%的受访者表示不愿意为了安全而牺牲自由。②越来越多的人开始关注公共视频监控中的隐私问题。当人们被告知更多的隐私必然以降低安全为代价时，很多人优先考虑安全问题。

二、无形的大数据监控

大数据被誉为21世纪的革命性事业，莱尼提出大数据的速度（Velocity）、多样化（Variety）和规模（Volume）的"3V"特征。③大数据监控是指全面、系统地收集个人数据，从而掌握数据主体的生活状态，及其未来的行动方向。网络数据记录着公民的衣食住行，展示公民的喜好和情绪思想。经过长期积累，公民不仅在现实生活中有一个自我，在虚拟的网络上也形成了一种"数字人格"，"数字人

---

① Washington Pose - Pew Research. Majority Views NSA Phone Tracking As Acceptable Anti - terror Tactic [N]. Washington Post, June 10, 2013.
② [美]特蕾莎·M.佩顿、西奥多·克莱普尔，郑淑红译：《大数据时代的隐私》，上海科学技术出版社2007年版，第125页。
③ 张�：《大数据监控社会中的隐私权保护研究》，载《图书与情报》，2018年，第1期。

格"使数据监控更加便利。大数据监控已经被运用在警务、侦查活动中，用于预防和发现犯罪行为、收集证据、监视嫌疑人等。政府建设的"反恐大数据预警平台"，体现了政府大数据监控能力的提升，该平台广泛收集和分析了多源信息，预判恐怖主义活动，有利于对恐怖活动进行精准打击，从而维护社会治安和良好的社会秩序。[①]我国公安机关正在建设的"金盾工程"综合了"全国公安综合业务通信网""全国违法犯罪信息中心（CCIC）""全国公共网络安全监控中心"等系统，[②]对犯罪预防发挥了重要作用。大数据监控在侦查中的普遍运用，促进了侦查模式的转变。大数据监控的出现，使侦查权不再陷于被动侦查，而是主动向犯罪预防甚至消除犯罪原因条件领域拓展和扩张，前瞻性地向引发犯罪或催生犯罪的相关因素和条件介入和干预。[③]虽然大数据监控带来的诸多好处，但是大数据监控可能会侵害公民的隐私权。

现代人无论走到哪里，都逃不开公共监控。人们开车前往单位时，道路上的公共视频监控探头记录下人们的车牌号以及行车轨迹。人们使用手机购物时，购物网站会记录下人们的购买信息，进而分析人们的购物偏好。借助于无处不在的网络数据跟踪技术，大数据监控渗入现代生活的方方面面。与公共视频监控不同，大数据监控是没有死角的全面监控。隐私是指人们不愿公开的私人信息、私人事务和私人空间。在过去，公与私的边界较为清晰，而在大数据时代，公私边

① 《中国电科承建社会安全风险感知与防控大数据应用国家工程实验室》，http://www.sastind.gov.cn/n112/n117/c6779490/content.html

② 董邦俊、黄珊珊：《大数据在侦查应用中的问题及其对策》，载《中国刑警学院学报》，2016年，第2期。

③ 韩德明：《从回溯调查到犯罪治理：侦查权范式的演化趋向》，载《中国人民公安大学学报（社会科学版）》，2015年，第5期。

界愈发模糊。大数据监控广泛收集了用户的个人身份信息数据，比如姓名、性别、年龄、身份证号码、家庭住址、血型、指纹等。身处于大数据监控中的个人就像是一个"透明人"，毫无隐私可言。不仅如此，大数据监控系统还有机会收集人们的网络使用痕迹、现实生活中的行踪数据以及通讯数据，人们的网络使用行为、家庭出游的路线、聊天记录等都可能面临隐私威胁。

大数据监控具有泛在性，这依赖于其"海量数据"的数据体量。在过去，数据的收集更多使用抽样采集的方式，或者是针对某些特定目标进行信息采集，往往不会去获取所有对象的数据。而在大数据时代，监控的范围十分广泛，数据采集趋于常规化，甚至可以实现监控的全面覆盖。在警务和侦查方面，大数据监控的对象是不特定对象，因此对公民隐私信息的侵入程度往往比较浅，但是大数据监控具有全景化监控的特征，其监控的范围非常大，每个人都可能被它监控。为了从海量数据中寻找线索和证据，大数据监控往往会对目标进行长期的监控，并且这种监控并不会像公共视频监控一样告知被监控对象，在不知情的情况下，获取被监控对象的各类个人数据。由于大数据监控的对象是泛在的，一些被监控对象并未做出违法犯罪行为却被秘密监视，这可能会侵害公民的隐私权。

对大数据监控是否会侵犯用户的权利，研究者有不同的看法。有研究者认为，大数据监控是一种大规模的监控，可能会侵害公民的权利，理由有两个：一是即便公民身处公共场所，或在网络公共领域进行表达、交流，也仍对其中部分信息享有隐私权。如果侦查机关不加区分地对所有人在公共场所或网络公共领域的所有活动进行监控，必然会侵入人们享有合理的隐私期待的那部分活动，构成对公民隐私权的侵害；二是即便对公民在公共场所或网络公共领域所从事的那些不具有合理隐私期待的活动，如果进行长期、密集的监控，就能够通过将这些信息拼凑起来而探知公民的生活细节，从而侵害公民隐私权。[①]也有研究者认为，由于大数据监控的目标是维护公共利益，因此不存在隐私侵权行为。

全面的数据采集提高了危机预判的准确度，大数据监控也成了政府社会治理的重要手段。美国中央情报局（CIA）的首席技术官Ira Hunt曾经介绍了情报机构如何从大数据证据开始，通过大数据工具（数据挖掘与模式分析、数据库扫描、统计模型和算法、预测分析或其他超级计算和人工智能工具）评估问题或假设。发挥大数据的预测功能需要大规模的数据运算。犯罪预防和事前监控，需要管理者在事件发生之前发现可疑并进行干预，使用数据模拟现实、事先预判。[②]

数据即是权力，大数据监控中包含了隐私权危机。隐私权对个人的保护，就在于隐私的不公开性。在维护治安、发展数据经济的迫切需求下，隐私利益与"公共利益""国家安全"等利益进行博弈时，隐私会面临巨大的风险，维护隐私非常困难。从社会治理的角度，对个人数据的监控可以促进权力更为高效地运作，从个人隐私的角度，对抗不当的隐私干预需要获取更多的信息，尤其是数据监控应用于社会治理中的信息。换句话说，即使因为出于维护公共利益的需求而合理使用数据，隐私主体也有知情需要被满足的权利。

① 赵艳红：《大数据监控措施的法律规制研究——以隐私权为中心的探讨》，载《交大法学》，2020年，第10期。
② 张衢：《大数据监控社会中的隐私权保护研究》，载《图书与情报》，2018年，第1期。

三、公共场所的隐私权

公共场所的监控在社会治理中具有重要作用，尤其是在犯罪打击和犯罪预防层面十分有效，获得了民众的理解与支持。21世纪以来，公共场所的监控在政策与资金的支持下快速发展，成为一种行之有效的社会治理辅助手段。管理手段趋于信息化，社会治理的内容也趋向于制定规则和进行裁判工作。社会治理专业化水平不断提高，一些社会治理事务通过服务外包等方式交给企业和社会组织来承担。这在一方面提高了治理效率，实现了有效治理，在另一方面也引发了广大民众对监控的正当性的追问，和对以隐私权为代表的公民权利的忧虑。

公共场所的隐私保护几乎是法律遗忘的一个角落。1960年美国的威廉·L.普洛塞尔教授发表了一篇经典性的文章指出，在公共街道或者其他公共场所原告没有宁居权（right to be along），别人只是跟随他，不构成对其隐私的侵入。在这样的场所对其进行拍照也不构成对其隐私的侵害。因为拍照不过是进行了一些记录，这种记录对某人可能被他人自由见到的在公共场所的形象的全面描写没有本质区别。[①]于是，"公共场所不存在合法的隐私权益"成了一个法律信条，并成为许多法官判案的依据，这一观点后来为《美国侵权行为法（第二次）重述》所采纳。但是频繁发生的偷拍、跟踪事件使人们开始关注公共场所中的隐私利益。公民的隐私权遭受侵犯，而侵权者却不用承担相应的责任，这显然不合理。原因有两个：一是因为公共场所中并不能完全排除有私人空间的可能性，比如洗手间、更衣室。即使在公众共享的空间里，也无法排除个人隐私的存在。二是因为公共场所

---

① 张新宝：《隐私权的法律保护》，群众出版社1997年版，第197页。

中，人与人的关系是暂时的、陌生的。而随着各类视频拍摄设备的普及，人们的言行举止都可能会被记录下来，被其他人反复观看。

1967年凯兹诉美国一案被认为是从公共场所无隐私到公共场所有隐私的分水岭。在该案中，美国联邦调查局在未取得法院事前"司法令状"的情况下，在公共电话亭外搭线窃听，获取到凯兹将赌博信息传输给他人的证据，凯兹因此被法院判决有罪。凯兹认为联邦调查局的监听行为违反了美国宪法第四修正案，修正案规定："人民的人身、住宅、文件和财产不受无理搜查和扣押的权利，不得侵犯。除依据可能成立的理由，以宣誓或代誓宣言保证，并具体说明搜查地点和扣押的人或物，不得发出搜查和扣押状。"凯兹提起上诉，被法院按照以往的惯例驳回，法院认为安装监听设备的位置是电话亭外，属于公共场所。案件上诉至最高法院，最高法院认为，联邦调查局的行为侵犯了上诉人在使用公共电话时享有的"对隐私的合理期待"。合理的隐私期待标志着美国宪法对公民隐私权保护的逐步完善。

随着媒介技术的发展，隐私权的内涵产生了一些变化。在传统媒体时代，隐私权的内容比较单一，主要是指个人活动、私人空间不被打扰，包括对个人的信件、日记的保护。现代媒介技术的发展下，隐私信息借助大众媒介能够迅速、广泛地传播，也可能被人下载而无法删除。摄录器材快速更新换代，现代人比以往更加容易暴露在社会公众的面前，丢失原本宁静的生活。隐私侵害的杀伤力更强、侵害性更高，人肉搜索等网络暴力事件时有发生。一旦个人隐私被放在媒体平台上传播，隐私主体会有无处藏身的感觉，因此隐私权保护的范围也应该扩大，维护公民在公共场所的隐私权。维护公共场所的个人隐私权，能提高公民参与社会活动的积极性，使人们不必过分担心自己被监视、个人信息被非法获取和利用，避免隐私权被侵犯。

公共场所隐私权的重点，在于个人对其在公共场所的活动及信息的自主控制。当行政机关收集信息时，个人有权知道所收集信息的用途，个人信息不应被非法获取、存储、利用。笔者认为，公民在公共场所也享有个人隐私权，在不违背公共利益的前提下，享有私人生活安宁、保护私人信息的权利。伴随着公共空间中大规模使用视频监控设备，以及私人生活的数据利用难以监管，公共场所隐私权面临更大威胁，表现为两个特征：一是公共场所的隐私权的侵害形式多样。比如商场的视频监控、智能交通系统，都能直接获取公民的个人信息及财产信息，这些信息一旦被非法使用，会危及公民个人及财产安全；二是公共场所的隐私权难以判定侵权的主体及行为，监督不足。由于公共场所开放程度高，需要在公共利益的基础上满足不同主体的合法权利，对行使权利的监督比较难。公共场所中的人，会有意无意地展示带有隐私内容的个人信息，这并不意味着人们放弃了自己的隐私利益，而是出于社交需要、安全需要、职业需要等，选择性地自我表露，本质是对个人信息的自主控制。讨论公共场所的隐私权，不能一概而论，应该综合考虑隐私的层级和隐私主体的合理需求。德国法学家拉伦茨认为，隐私可以分为三个层次：首先核心层次囊括了人的思想、情感等内在事物，应当受到绝对的保护；其次是私密层面，这主要是指个人的家庭生活以及私密空间，相较于核心层面，具有一定的外在性和可观察性；最后则是处于最外层的个性化层面，其内容是在从事职业或是社交活动中可能会向外界展示的那部分隐私。[①]公共场

---

① 傅强、刘宇航：《公共场所隐私权法律保护研究——以公共场所摄像头的管理为视角》，载《北京科技大学学报（社会科学版）》，2011年，第4期。

所中的人，往往让渡了一部分隐私权，借鉴拉伦茨的观点，人们在职业或社交活动中展示了个性化的自我，自愿公开或不介意被发掘的那部分隐私。而思想、情感、家庭生活和私密空间不包含在内，只有当人们自愿公开这部分隐私时，才不构成隐私侵犯。

维护公民的基本权利，将善治的理念贯彻到治理实践中，追求公共利益最大化，有利于政府与公民在公共事务中形成合作协商关系，从而使社会治理工作步入良性循环轨道。遍布大街小巷的视频监控提高了政府的防范能力和预警检测能力，这是社会治理方式创新的表现。但是，社会治理者也应该清醒地意识到，监控预警设备适用于突发事件、应急情况的管理，在日常的治理事务中，应该注重社会秩序的维持、公民基本权利的维护，提升公民素养，将虚拟世界和现实世界的管理统筹起来，提升社会治理效能。

第三节　监控的合理性与有序使用

社会治理强调以人为本的治理方式，关注民众的合理需求，通过政府、社会组织和直接参与公共生活的公民的协作、互动形成一个治理网络。多元主体共同决策，谋求社会的整体发展，实现利益共享。基于这样的现代社会治理理念，在公共场所设置监控应该兼顾社会治安管理和公民隐私保护，从法律上平衡个人利益与公共利益。

一、大规模监控的合理性

公共空间中的大规模监控引发了人们的讨论，讨论的焦点在于，大规模的监控是否侵犯了个人的隐私权。2019年10月31日通过的《中共中央关于坚持和完善中国特色社会主义制度推进国家治理体系和治理能力现代化若干重大问题的决定》指出，要优化政府职责体系，加强数据有序共享，依法保护个人信息，这一论断为我国依法保护个人信息指明了方向。对个人信息有序共享的理解，应当分为两个方面：一是共享性，个人信息不再专属于个人的人格或财产利益，而是具有社会属性或使用价值的重要资源，在信息时代，信息作为战略性资源，其自由流动具有重要的基础性意义。①我国《个人信息保护法》第二条规定："自然人的个人信息受法律保护，任何组织、个人不得侵害自然人的个人信息权益。"第二十六条规定："在公共场所安装图像采集、个人身份识别设备，应当为维护公共安全所必需，遵守国家有关规定，并设置显著的提示标识。所收集的个人图像、身份识别信息只能用于维护公共安全的目的，不得用于其他目的；取得个人单独同意的除外。"《个人信息保护法》第三十四、三十五条规定："国家机关为履行法定职责处理个人信息，应当依照法律、行政法规规定的权限、程序进行，不得超出履行法定职责所必需的范围和限度。国家机关为履行法定职责处理个人信息，应当依照本法规定履行告知义务；有本法第十八条第一款规定的情形，或者告知将妨碍国家机关履行法定职责的除外。"2017年通过的《中华人民共和国民法总则》在第五章第111条明确了个人信息的保护规则："自然人的个人信息受法律保护。任何组织和个人需要获取他人个人信息的，应当依法取得并确保信息安全，不得非法收集、使用、加工、传输他人个人

---

① 李延舜：《个人信息权保护的法经济学分析及其限制》，载《法学论坛》，2015年，第3期。

信息，不得非法买卖、提供或者公开他人个人信息。"

以公共视频监控为例，公共场所安装视频监控是基于社会治理的需要，能够更好地满足公共利益，提高社会治理效率。公共视频监控有三个特点：一是具有警示性，在安装公共安全视频监控系统场所贴上警示语："公共视频监控系统正在运行"或者"您已进入监控区域"，能创造一种公共安全视频监控存在的情景，使处于该区域的社会成员主动约束自己的言行；二是具有动态控制性，公共视频监控系统可以及时地发现违法犯罪，并对相关区域进行现场监控（包括现场实时监视、跟踪控制等），观察可疑人员和现象；三是具有侦查性，当某一类型的案件在某一地区或者附近地区发生后，可以倒查公共安全视频监控系统中的视频监控图像，及时调取视频监控资料，查找案发时段、地点附近地区的人员来往信息，从中发现可疑人员，最终确定违法犯罪嫌疑人。借助这一机制，公共权力"不在场"，但构成了一种"在场"的场景，从而保证了社会治理的有序进行。

公共场所承载着巨大的公共利益，公共视频监控系统安装的目的在于维护公共利益。"从理论上来讲，公共场所应当指的是根据该场所所有者（占有者或使用者）的意志，用于进行公众活动的相对空间。而这个相对空间具有相对开放性、共享性和秩序性的特点。"公共场所的开放性越高，则共享性越大，秩序性要求也越严。为了维护公共利益，在必要且合理的范围内，公民的隐私权利有所让渡，因此公民在公共场所的隐私比私人空间少。公共场所安装视频监控设备必然会拍摄到公民不愿被他人知悉、公开的一些隐私行为，这是以牺牲公民的部分隐私权来换取社会公共安全。

我们所讨论的公民在公共场所的隐私权益，是在不妨碍公共利益、不危害公共安全前提下的隐私权益。当公民隐私权益与公共利益发生冲突，隐私权益必须让位于公共利益。比如，在公共道路上违章驾驶被拍摄、曝光，则不存在侵害隐私权的问题。当然，只要不妨害公共利益，公共场所内的隐私权益就应该受到保护。"一般而言，在私人场所获取私人信息会对他人的隐私构成侵扰，在公共场所获取他人（隐私信息）不会对他人的隐私构成侵扰。但这不是绝对的，有时候在公共场所也会发生侵扰他人隐私的情形。"这个观点在今天已被普遍接受。这主要基于这样的原因：在公共场所侵害隐私行为日渐多发；公民的隐私保护意识日渐增强；传统公共场所中包含了隐秘的私人空间（如前所述的更衣间、厕所等）；虚拟世界私人空间和公共空间难以界定。在许多时候，私人场所会延伸到公共场所，在网络时代尤其如此。如果简单地划定"公共场所公民隐私不受保护"，一定会导致公民隐私的普遍侵害。

二、完善对监控的管理

我国《民法典》对个人隐私的保护提供法律依据。第一千零三十二条规定，自然人享有隐私权。任何组织或者个人不得以刺探、侵扰、泄露、公开等方式侵害他人的隐私权。隐私是自然人的私人生活安宁和不愿为他人知晓的私密空间、私密活动、私密信息。第一千零三十三条规定，除法律另有规定或者权利人明确同意外，任何组织或者个人不得实施下列行为：

（一）以电话、短信、即时通信工具、电子邮件、传单等方式侵扰他人的私人生活安宁；

（二）进入、拍摄、窥视他人的住宅、宾馆房间等私密空间；

（三）拍摄、窥视、窃听、公开他人的私密活动；

（四）拍摄、窥视他人身体的私密部位；

（五）处理他人的私密信息；

（六）以其他方式侵害他人的隐私权。

公共利益与隐私权并不冲突，为了维护公共利益，可以收集和处理个人信息。《刑事诉讼法》第150条规定："公安机关在立案后，对于危害国家安全犯罪、恐怖活动犯罪、黑社会性质的组织犯罪、重大毒品犯罪或者其他严重危害社会的犯罪案件，根据侦查犯罪的需要，经过严格的批准手续，可以采取技术侦查措施。"对违法犯罪行为，可能会采取监听监视等方式对其进行监控，这些行为可能会涉及公民的隐私数据，但是为了维护社会治安，政府采取了多种手段，要注意的是，政府的行为应当规范、合法。有研究者认为，政府作为新的利益主体可能在利用个人信息时造成对信息主体的隐私权侵犯，政府利用个人信息时，应当考虑到公民的隐私保护需求，[①]不能忽略公民的基本权利。

公共视频监控遍布于公共场所，公民在公共生活中难以回避。为了公共利益的最大化，政府必须制定规章，控制监控信息系统，维护个人隐私利益不受侵犯。第一，规范公共视频监控的设置场所。公共视频监控的设置，当然应该基于社会治理过程和社会治安的基本要求，但同时也应该考虑公共场所的性质和状态。根据公共场所的开放性、共享性、秩序性的特点，一般可以将公共场所划分为封闭的公共场所、半封闭的公共场所、完全公开的公共场所。不同公共场所的

① 张新宝：《从隐私到个人信息：利益再衡量的理论与制度安排》，载《中国法学》，2015年，第3期。

私密性不同，对公共视频设备的设置也应采取不同的态度。在涉及公共安全的完全公开的公共场所，应设置视频监控系统，如广场、道路等。同时，法律应当明确不能设置公共视频的范围。例如，在酒店客房、学生宿舍等私密性较强的区域，应该明确禁止设置视频监控。公共利益当然应该得到有效保护，但这种保护不应以惊扰与侵犯公民的隐私为前提。第二，明确和规范设置主体的资格条件。我国现行法律对哪些主体可以在公共场所设置视频监控设备没有相关规定。随处可见的摄像头中，不仅有政府设置的，也有其他组织和个人设置的，很多设置主体没有办理任何审批或备案手续，这严重威胁公民的隐私权。因此要建立严格完善的监控管理办法，从法律上明确设置主体的资格条件，治理公共视频监控的无序状态。"为了避免不必要的人接触监控录像资料，管理者应尽量是少部分人，并且应建立严格的责任制。"同时，按照"谁管辖，谁建设，谁出资，谁管理"的原则，保证公共视频监控合法运行和相应的责任分担。第三，根据需要确定信息存储时间。根据各种场所的不同特点分类管理视频监控采集的信息并确定存储时间。大数据时代，信息存储成本不断降低，时间不断拉长。一些本应该被遗忘的、小范围内传播的信息，正转变成永久的、可搜寻的信息传播给更多人。在这种情况下，对公共视频监控信息的存储越多越好吗？存储越多，就越容易对公民隐私构成潜在的伤害，而防止这种伤害发生的方法是删除。另外，从社会治理的角度来看，海量信息也会导致"信息污染"，及时清理信息可以提高社会治理的效率。

公共视频监控对公民的隐私可能产生严重侵犯，对此，学者提出了诸多学术建议。"概括而言，大多数学者认为对公共视频监控中存在的问题可以通过对视频监控安装位置、时间强度、范围以及资料的管理来解决。换言之，对公共视频监控的控制，主要是对视频监控过程进行控制，但同时还要兼顾对视频监控结果的控制，笔者将之概括为'双重控制论'。"[1]然而对监控过程合法性的过分关注，这个行为本身在操作性上有一定的难度，也无法实现公共利益与个人利益的平衡，因此，我们认为更应该注重对公共视频监控结果的控制。对公共视频监控进行"结果控制"，要注意两点：一是明确公共视频监控的责任主体。一般而言，公共视频监控的责任主体是安装主体。明确责任主体能使这些责任主体在利用公共视频监控信息时，保护好公民隐私权。一旦公民隐私权受到侵害，能够追究相应责任主体的责任。二是严格规范监控信息的使用管理，对监控信息的内容保密，按照规定保存和销毁。

对公民而言，监控工具对自己行为的监控，一般并不会令他们担心，他们真正担心的，是隐私信息会不会泄露给其他人。"也许最重大的侵害还不是观察和摄像本身，而是对于观察到的信息的不当利用如披露、公开和用于商业目的等。"[2]这个问题在今天这样一个网络时代显得尤为重要。大数据时代的到来让公民的隐私"无处安放"，每个人都可能面临"赤裸裸的未来"，在这样的局面中，如果不能有效地管理好公共监控视频采获到的数据，一定会让公民的生命尊严遭受重创。基于这样的担忧，美国的两位大数据专家提出了自己的建议："数十年来，全球范围内的隐私规范都开始让人们自

---

① 刘清生、陈伟：《隐私权保护下公共视频监控的法律规制——从"双重控制论"到"结果控制论"》，载《海峡法学》，2015年，第4期。
② 张新宝：《隐私权的法律保护》，群众出版社2004年版，第270页。

主决定是否、如何以及经由谁来处理他们的信息,把这种控制权放在了人们自己的手中,这也是隐私规范的核心准则。""管理者必须设立规章,规定数据使用者应如何评估风险、如何规避或者减轻潜在伤害。"①

随着网络的发展和技术的进步,现代社会能够通过监视帮助实现社会治理的目的。监控系统所构建的权力体系,并非福柯所描述的封闭的"全景监狱",而是一种流动的空间,这个空间不断与其他空间发生关系,难以规训。公共视频监控所构建的"超级全景监狱"有利于维护社会秩序,是社会治理模式的一种创新。同时监控也颠覆了公共场所和私人场所的界限,记录着公民的行踪,使公民的生活暴露在他人的注视中,每个人都成为被监视的人。公共场所是社会生活的基础,社会治理者通过海量信息的搜集和处理,维护社会公共安全,为公民提供安全的生活环境。在社会生活中,公共场所和私人领域常有重合之处,公民在公共场所的隐私应该受到法律保护。在公共场所中设置监控的目的是维护公共利益,但是监控的滥用威胁公民的隐私权。公共视频监控中摄录的个人隐私和个人信息不能被随意传播。我国《个人信息保护法》第十条明确规定,任何组织、个人不得非法收集、使用、加工、传输他人个人信息。政府和司法部门应该加强对监控系统的管理,必须立法规范监控的范围、存储时间、使用方式等,以保护公民的隐私权益。

<hr>

① [美]维克托·迈尔·舍恩伯格、肯尼思·库克耶,盛杨燕、周涛译:《大数据时代》,浙江人民出版社2013年版,第220页。

Chapter 5

让渡与控制：个人数据的
商业化利用及存在的问题

数据具有潜在的重要价值，数字化社会中商业组织对市场规律的总结与运用，必须依赖大量的数据分析。在新一轮商业竞争中，数据成为盈利的核心。从智能媒体平台的搭建，到以数据为基础的平台运营、由数据构筑的平台规则，以及基于数据分析下的用户维护，数据持续为商业组织追逐。智能媒体平台鼓励用户进行不间断的数字生产，数字生产所产出的海量个人数据被出售给广告商，个人数据的组合、分析又生出新的数据，循环往复形成海量的数据，也呈现无限的商机。智媒平台将用户纳入系统中，用户成为盈利模式下的利益相关者。同时，羊毛不一定出在羊身上，智媒组织的收入大部分源于第三方或第四方的补贴，而非直接向消费者收费。使用智能媒体，就像是享用一顿"免费的午餐"，用户享受了服务，就要贡献出自己的个人数据，商业组织对数据的需求转化到用户身上，生产数据成为一种社会需求。海量数据的收集与利用，颠覆了传统的客商关系、政商关系，利于商业组织的多样化经营，也加剧了国家、商业组织、用户个体三者的博弈。个人隐私的保护与数据利用的矛盾凸显。从法律属性来看，隐私是人格权益，只能被自然人享有，隐私因不包含财产属性而不能被转让与利用。个人信息也是人格权益，与隐私不同的是，个人信息的权利主体可以是所有类型的民事主体，包括自然人、法人、非法人组织等。个人信息作为一种人格权益，可以被转让和利用，但须征得信息主体的同意。数据是财产权益，其权利主体可以是任何民事主体，可以自由转让且无须征得数据主体的同意。

第一节　个人数据商业化利用中的问题

一、个人数据的过度收集

在智媒时代，人们的每一次媒介使用行为所产生的数据，都有可能会被收集。个人数据的过度收集主要体现在两个方面：一是个人数据的静默收集，网络服务提供者向用户隐瞒了收集数据的行为，比如不明确告知用户数据收集的范围、类型，偷偷地收集个人数据。二是在为用户提供服务的过程中，互联网服务提供者收集了与其本职无关的个人数据。

2021年央视3·15晚会披露，科勒卫浴偷偷采集人脸数据，抓取的人脸数据信息累计上亿。科勒卫浴在旗下卫浴门店安装人脸识别摄像头，在人们不知情的情况下收集了人脸数据，目的是进行精准营销。《信息安全技术个人信息安全规范》明确规定，人脸信息属于生物识别信息，也属于个人敏感信息，收集个人信息时应获得个人信息主体的授权同意。科勒卫浴违规收集顾客隐私信息，引发了众多消费者的隐私忧虑。在央视3·15晚会之后，科勒卫浴通过微博发布致歉声明，表示已经拆除人脸信息采集设备。但是，在这条致歉微博的评论中，许多网友表示不会再相信科勒卫浴，也不会购买其产品。现代人具备一定的隐私保护意识，商家对个人数据的非法采集会降低消费者的信任度，不利于商家的长久发展。

一些互联网公司为了提高广告推送的精准度，过度收集了用户的数据。在欧洲，都柏林圣三一学院计算机科学的一位教授在论文中提出，谷歌在未经用户允许的情况下，收集使用谷歌的用户手机中的通话数据和短信数据，而且用户没有办法限制谷歌公司的数据收集行为，他认为这可能会违反欧洲的《通用数据保护条例》。谷歌过度收集数据的行为引发了用户的焦虑。《通用数据保护条例》对个人数据的处理提出了六条法律依据：一是数据主体已同意出于一个或多个特定目的对他的个人数据进行处理；二是履行合同需要对数据进行处理，其中数据主体是合同一方，或者在签订合同之前为了应数据主体的要求采取措施，需要对数据进行处理；三是遵守法律义务需要对数据进行处理，其中控制者是主体；四是保护数据主体的切身利益需要对数据进行处理；五是为公共利益或行使官方权利而执行任务，需要对数据进行处理；六是实体追寻合法利益，需要对数据进行处理，数据主体要求个人数据保护且其利益或基本权利和自由比此类利益更为重要的情况除外。①网络服务提供者在收集个人数据之前，需要先确定自己收集数据的目的和原因，且不能在后期随意更改。比如，用户使用外卖软件点餐时，用户的电话、住址只能被用于外卖配送，而不能被外卖平台非法处理、出售。

二、用户画像与隐私威胁

互联网企业收集并分析大量目标用户的信息后，构建出"用户画像"，预测用户的行为。用户画像勾勒出目标用户的形象，将用户

---

① 《通用数据保护条例（GDPR）》，https://stripe.com/zh-cn-hk/guides/general-data-protection-regulation.

的诉求与企业所提供的产品功能相联系，能够优化产品服务。耶鲁大学教授罗伯特·希勒在对流媒体播放平台Netflix（网飞）的实验中发现，如果"网飞"仅依据种族、收入、邮编这些传统因素定价，可以把利润提高0.3%；但如果"网飞"收集人们线上平台使用的数据，进行一定数量的"用户画像"分析并以此形成精准投放，则可以把利润提升至14.6%。[①]在智媒的环境下，用户画像因其能够提高数据的利用效率而被广泛应用。比如，今日头条的个性化推送内容、淘宝的"猜你喜欢"等都是根据用户画像来提供个性化服务。用户画像的构建流程包括数据收集、标签分类、数据处理和构建画像四个步骤。在数据收集环节中，人们的网络使用行为、行踪、个人信息等以数据的形式被收集，既包括人们的姓名、年龄、通讯方式等静态数据，也包括人们的位置、踪迹等动态数据。在标签分类环节，网络服务提供者设计了一些具有不同属性的标签，用以描述用户的特征。在数据处理环节，网络服务提供者将用户的个人数据与已经设定好的标签相匹配。最后，以可视化的方式呈现标签，构建用户画像。

用户画像确定了网络服务平台的目标用户的形象，以此作为设计产品的基础。从产品的规划、设计阶段开始，网络服务平台根据用户画像确定目标市场的状况、目标用户的需求、竞争者的情况等，并根据用户的需求优化产品和服务。在产品的营销推广阶段，用户画像为网络服务平台确定营销方式和渠道提供导向作用。用户画像有着三个维度：信息画像、行为画像和分群画像。信息画像涉及用户信息的调研、用户群体细分等。一些用户在购买过某项产品或者服务

[①] 梁晓轩：《美国弗州管控"用户画像"与"定向广告"》，载《检察风云》，2021年，第5期。

后，收到了商家的问卷调查，问卷采集了用户的各类信息，商家以此对用户分类。在绘制行为画像的过程中，网络服务平台需要收集用户的各类行为数据，包括媒介使用的场景、使用的具体服务、访问路径等。在分析目标用户的信息和行为之后，为具有相同产品需求的用户贴上标签，通过标签的聚合划分用户群体，制作出分群画像。《2020年抖音用户画像报告》描绘了整个抖音用户群的肖像，这份报告包含了用户的性别、年龄段、位置、用户的兴趣与偏好、使用时间等内容，这份报告带有抖音平台的特色。报告显示，抖音的日活跃用户数量超过4亿。抖音与头条的重合度为32.1%，重合用户占抖音的42.2%。抖音与西瓜的重合度为24.6%，重合用户占抖音的29.5%。

对用户的了解是网络服务平台提供个性化产品和服务的前提。在上述报告中，抖音通过海量数据的分析，从用户的属性、兴趣偏好、行为偏好等多个角度制作用户画像。在生成用户画像的过程中，涉及各类用户信息的收集与处理。根据我国《个人信息保护法》，个人对其个人信息的处理有知情权。但是在生成用户画像的过程中，网络服务平台难以准确地告知用户其个人信息的收集和处理的实际情况。虽然用户同意了网络服务平台的隐私政策，但是对其个人信息的收集和处理是不完全知情的，有些平台甚至以隐蔽的方式收集个人信息。网络服务平台应当合法地收集和处理用户数据，保护用户的隐私安全，杜绝非法买卖用户数据的行为，提升用户对平台的信任度，这有利于企业的健康、长远发展。

三、大数据杀熟现象

随着大数据和人工智能技术深度融入生活，现代人的每一个媒介使用行为都被互联网服务提供者收集、记录和分析。通过数据处理，互联网服务提供者勾勒出"用户画像"，根据用户的历史购买记录、喜好与需求，为用户推送个性化的服务或者产品。随着用户对个性化服务的依赖度提升，一些消费者意外地发现，自己购买某一个曾经购买过的产品时，需要支付比第一次购买该产品的人更高的价格，出现了"大数据杀熟"现象。大数据杀熟依赖于海量用户数据的采集和分析，使很多用户遭遇了不平等的待遇。大数据杀熟主要表现为差异化的定价，其前提是互联网服务提供者与用户在购物过程中的信息不对称，用户对互联网产品的价格认知大多来自于过去的购买经历，对产品的实际价格了解不足。同时，用户的喜好、习惯、性别、年龄等用户数据已经被互联网服务提供者所掌握，经过数据分析而勾勒出清晰的"用户画像"，互联网服务提供者对用户的潜在购买行为有一定的预测。而且用户的购买次数越多，互联网服务提供者所掌握的信息越全面，对其预测也更加精准，但是用户对此并不十分清楚。大数据杀熟侵犯了消费者的知情权、选择权、公平交易权，也侵犯了消费者个人信息受保护的权利。[①]互联网服务提供者与用户的信息不对称导致大数据杀熟十分隐蔽，这表明用户的隐私信息泄露更加令人难以察觉，数据隐私保护面临调整。

大数据杀熟是指经营者依据对消费者个人消费偏好数据（主要包

———————————
① 周新：《新规开始施行，"大数据杀熟"将有法可解》，载《青少年法治教育》，2022年，第3期。

括价格耐受度、支付能力、选择偏好、家庭构成、网站或App页面停
留时间等）的收集、检索、分析与挖掘，利用忠诚客户的路径依赖和
信息不对称，就同一商品或服务向其索取高于新用户的售价，并且该
售价差别不反映成本差别。[①]2020年，一篇名为《我被美团会员割了
韭菜》的文章在朋友圈中被多次转载，矛头直指大数据杀熟。文章作
者称，自己开通美团外卖会员后，经常点餐的一家驴肉火烧的外卖配
送费显示为6元，而当自己使用未购买美团外卖会员的账号点餐时，
配送费为2元。对此，美团外卖给出的解释是，外卖配送费差异与会
员身份无关，是因为软件存在定位缓存，错误地使用了用户之前的定
位，与用户实际的定位产生了偏差，导致配送费预估不准。这篇文章
引发了热议，很多消费者对自己购买的商品进行了价格的对比，认为
自己也曾经被大数据杀熟。

　　用户数据的过度收集与滥用是大数据杀熟的主要原因。随着媒
介技术的进步，海量数据的收集和分析成为可能，互联网服务提供者
在营销的过程中利用了先进技术，目的是获取更多利润。海量的用户
数据、清晰的用户标签和明确的用户分类，是平台提供个性化服务的
前提。用户在网络服务平台上的行为、踪迹都以数据的形式被平台收
集，这些数据包含了商业开发的价值。用户在网络上留下的踪迹，成
为平台分析用户喜好、习惯的基础，互联网服务提供者根据这些数
据分析出用户的更多信息，比如用户的经济水平、教育背景、所处
的阶层、社会关系等。互联网服务提供者过度收集了用户的数据，虽
然用户享受了更加细致、人性化的服务，但是数据的滥用将对用户的

---

① 王磊：《个人数据商业化利用法律问题研究》，中央财经大学，2019年。

隐私构成威胁。虽然用户并不十分清楚平台会在何时何地收集数据，也不清楚平台会怎样处理用户数据，但是用户对平台收集数据的行为有所了解，大多数用户能感知到自己的数据面临泄露的风险。尽管如此，用户权衡了当下的好处与潜在的风险后，多数用户选择继续使用网络服务平台。面对隐私泄露的威胁，一些用户会通过设置隐私分享范围、减少隐私披露中的敏感信息等方式来保护个人隐私，也有用户并不会改变隐私分享行为。实际上，隐私保护行为的实际作用非常有限，用户数据滥用的情况频繁出现。

用户与互联网服务提供者之间存在信息不对称，是大数据杀熟的次要原因。大数据杀熟基于用户画像，平台对用户个人情况的掌握越精确，用户画像就越清晰。互联网服务提供者根据用户画像来分析用户的支付能力，以及用户面对不同价格时的付款意愿，据此对目标用户进行分类，这是平台为用户提供差异化定价的基础。在"看人下菜碟"的同时，互联网服务提供者还投放了精准广告，诱导用户消费。很多用户都有这样的经历：在抖音观看过某一类视频后，第二天会刷到更多包含这类内容的视频，并且在购物网站中也会被推荐与视频内容相关的商品，商品的价格与用户经常购买物品的价格相差不大。

从经济学的角度来看，海量个人数据的收集为"价格歧视"提供了可能。一方面，用户处于信息盲区，用户并不了解其他用户使用相同产品所付出的价格，另一方面，互联网服务提供者掌握了海量的用户信息，信息不对称导致用户在很多情况下缺失判断力，难以对平台说"不"。

大数据杀熟是针对不同的用户，制定不同的价格标准。大数据杀熟不利于互联网产业的发展，虽然互联网服务提供者利用信息不对称进行了差异化的定价，获取了更多的利润，但是从长远来看，这会导致用户对平台的信任度降低，减少在平台上的信息披露以及购买产品的行为，不利于平台的长期发展。从用户的角度来看，大数据杀熟导致自己为了相同的产品付出更多的费用，会产生不平衡的心理，影响服务体验。互联网服务提供者为了获取更多利润，将更加全面地收集用户信息，开发用户数据中的潜在价值，导致用户的隐私权面临更多风险。

大数据和人工智能技术为互联网产业的发展注入动力的同时，大数据杀熟等对消费者数据的不当使用也影响了正常的市场秩序。为了互联网产业的健康发展，2021年11月，国家互联网信息办公室通过了《互联网信息服务算法推荐管理规定》，并经工业和信息化部、公安部、国家市场监督管理总局同意，该规定于2022年3月1日起施行。《互联网信息服务算法推荐管理规定》明确指出了信息服务规范和用户权益保护的具体内容，以及监督管理部门的工作内容。该规定的第七条提出，算法推荐服务提供者应当落实算法安全主体责任，建立健全算法机制机理审核、科技伦理审查、用户注册、信息发布审核、数据安全和个人信息保护、反电信网络诈骗、安全评估监测、安全事件应急处置等管理制度和技术措施，制定并公开算法推荐服务相关规则，配备与算法推荐服务规模相适应的专业人员和技术支撑。该规定第十五条提出，算法推荐服务提供者不得利用算法对其他互联网信息服务提供者进行不合理限制，或者妨碍、破坏其合法提供的互联网信息服务正常运行，实施垄断和不正当竞争行为。[①]《互联网信息

---

① 《互联网信息服务算法推荐管理规定》，http://www.cac.gov.cn/2022-01/04/c_1642894606364259. htm.

服务算法推荐管理规定》的第十五条是对大数据杀熟行为的限制，保护了用户的权益。2022年4月，中央网信办牵头开展"清朗·2022年算法综合治理"专项行动，深入排查整改互联网企业平台算法安全问题，评估算法安全能力，重点检查具有较强舆论属性或社会动员能力的大型网站、平台及产品，督促企业利用算法加大正能量传播、处置违法和不良信息、整治算法滥用乱象、积极开展算法备案，推动算法综合治理工作的常态化和规范化，营造风清气正的网络空间。此次专项活动指导企业依照《互联网信息服务算法推荐管理规定》，整改算法应用问题，消除算法的安全隐患，并且通过现场检查、督促算法备案、压实主体责任、限期整改等方面的工作，维护网民的合法权益。[①]2021年3月2日，美国弗吉尼亚州州长拉尔夫·诺森（Ralph Northam）签署了《消费者数据保护法》（Consumer Data Protection Act，简称"CDPA"），这项法案对基于用户画像而进行的"个性化广告"做出了规定。《消费者数据保护法》规定消费者有选择退出的权利，消费者在以下情形中有权拒绝使用个人数据：个性化广告，销售个人数据，分析对消费者有法律影响或其他类似影响的决策。[②]同时，该法案还规定了消费者拥有对其个人数据的查阅权、更正权、删除权、数据可携带的权利和起诉权，该法案聚焦数据隐私的收集与使用，为消费者提供了强有力的数据隐私保护。

个人数据的收集和处理中的问题，根源在于用户、网络服务提供者之间存在一些冲突。用户希望能在一定程度上控制其个人数据的

---

① 《中央网信办牵头开展"清朗·2022年算法综合治理"专项行动》，https://m.thepaper.cn/baijiahao_17529666.

② 《美国弗吉尼亚发布〈消费者数据保护法〉》，http://chinawto.mofcom.gov.cn/article/jsbl/zszc/202103/20210303045324.shtml.

传播和利用，一方面，保护隐私是用户捍卫人格权利的体现；另一方面，个人数据的滥用可能会导致用户的人身、财产安全受到威胁。网络服务提供者为了更好地提供服务、获取利润，希望减少收集和处理数据的限制。用户以数据换取产品、服务的行为，实际上是通过让渡部分隐私来换取当下的好处，用户对其数据可能面临的风险有所了解，但是没有停止隐私披露行为。但是，如果网络服务提供者不加限制地收集、处理用户数据，将会提高用户的隐私顾虑。在社交媒体的使用中，用户对于不同安全程度的社交媒体有着不同的敏感度，进而激发出不同的隐私顾虑，这会影响用户的隐私披露行为，进而影响到网络服务平台的未来发展。在用户与网络服务提供者的关系中，用户的地位相对弱势，网络服务提供者占据了优势地位，要平衡二者的关系，应该保护用户的个人数据，对网络服务提供者的行为进行规制。

第二节　个人数据商业化利用的基本原则

在智媒时代，数据承载了巨大的价值，数据是互联网产业发展的基础。无论是在互联网商业交易中，还是在人们的网络生活里，人们的行为以数据的形式被采集和储存。个人数据的分析、整合为互联网产业的发展注入了无限动力。随着数据的广泛收集与利用，人们越来越关注数据的规范化处理和隐私安全问题。现代人具备一定的媒介素养和隐私素养，在媒介使用中，保护隐私的观念已经深入人心，但是在现有的数据采集和处理方式下，用户的隐私保护需要还没有完全得到满足。有研究者认为，数据相关的法律问题逐渐涌现，如何平衡数据主体的人格权益保障、数据自身商业价值的开发与国家数据主权和竞争权益的维护成了问题的核心，如何平衡这些利益关系是一个值得深入思考的问题。①2021年11月1日起施行《中华人民共和国个人信息保护法》。该法案第十四条明确提出："基于个人同意处理个人信息的，该同意应当由个人在充分知情的前提下自愿、明确做出。法律、行政法规规定处理个人信息应当取得个人单独同意或者书面同意的，从其规定。个人信息的处理目的、处理方式和处理的个人信息种类发生变更的，应当重新取得个人同意。"在该法案的第二章个人信息处理规则中，特别提出了敏感个人信息的处理规则。"敏感个人信息是一旦泄露或者非法使用，容易导致自然人的人格尊严受到侵害或者人身、财产安全受到危害的个人信息，包括生物识别、宗教信仰、特定身份、医疗健康、金融账户、行踪轨迹等信息，以及不满十四周岁未成年人的个人信息。只有在具有特定的目的和充分的必要性，并采取严格保护措施的情形下，个人信息处理者方可处理敏感个人信息。"②

一、知情同意原则

进入智媒时代，个人信息保护备受关注，智媒平台在收集和处理个人数据时，一般遵循知情同意原则。随着智媒深度融入现代生活，人们因个人信息的暴露、风险而感到忧虑。知情同意原则来自个人的

---

① 王磊：《个人数据商业化利用法律问题研究》，中央财经大学，2019年。
② 《中华人民共和国个人信息保护法（中国国家法律文件）》，https://baike.baidu.com/item/中华人民共和国个人信息保护法/24220563?fr=aladdin.

信息自决权，德国学者施泰姆勒认为，"人们有权自由决定周遭的世界在何种程度上获知自己的所思所想以及行动的权利"。知情同意原则是指，对个人信息的收集和使用，须经过数据主体在充分知情的情况下的同意。知情同意原则保障了数据主体在充分了解智媒服务、智媒产品的基础上，对自身数据的采集、传播、利用的处置权。智媒平台在提供服务时，一般要通过隐私政策来告知用户，使用智媒服务或产品时用户的个人数据会被收集，请求获得用户的理解与同意。一般来说，用户只有同意了平台的隐私政策，才能注册使用平台提供的服务。数据采集中的知情同意，包括隐私政策的告知与理解、用户自由同意和同意能力四个要素。

网络服务遵循这样的原则，互联网服务提供者提供商品或服务，而用户为商品支付费用。用户支付的费用包括直接费用和间接付出，比如用现金充值的注册费、会员费，使用产品产生的个人数据。个人数据包含潜在商业价值，一般来说用户同意隐私政策并注册之后，就是默认其接受网络服务提供者的数据采集。根据我国《电子商务法》第49条，电子商务经营者发布的商品或者服务信息符合要约条件的，用户选择该商品或者服务并提交订单成功，合同成立。知情同意的前提是，网络服务提供者与用户之间达成了合同关系。合同是商品交换过程中形成的一种交换的习惯和仪式，在人们长期的交换实践中逐步形成，代表一种合意。签订合同须经过规定方式才有法律效力。合同的法律特征之一是当事人具有平等的法律地位，但是实际上，互联网服务提供者和用户之间的实际地位有着差别。对互联网服务提供者提供的隐私政策，即使用户认为难以完全同意，为了使用互联网服务，用户也不得不在隐私政策的界面上点击"同意"的按钮。

个人信息保护涉及诸多领域，其中的法律关系较为复杂，在处理个人信息时遵循知情同意原则已经成为共识。有研究者认为，知情同意原则回应了数字化社会公民权利保护的基本要求，表现为三个方面：一是知情同意原则是信息社会中契约精神的具体实践，二是知情同意原则中的事前防范理念充分尊重了个人享受权利的主动性，三是知情同意原则有效平衡了数据经济发展与公民隐私保护间的冲突。[①]知情同意原则也存在一些争议，有研究者主张保护个人对其信息的控制权，指出："数据共享中的个人信息仍然属于信息权利人的权利，与个人信息的收集、利用行为一样，数据共享也应当获得信息权利人的授权。"[②]也有研究者认为，在确定知情同意的边界时，应当以社会价值最大化作为指导思想。以政务数据为例，个人信息权益在海量数据里显得微不足道，因此数据公开应成为知情同意规则的例外，以此推动数据融合共享、释放数据价值。[③]关于知情同意原则的争议，体现了研究者在多方利益平衡方面持有不同的观点。

为了保护互联网用户的合法权益，维护网络信息安全，我国工信部颁布《电信和互联网用户个人信息保护规定》，其中第五条规定，电信业务经营者、互联网信息服务提供者在提供服务的过程中收集、使用用户个人信息，应当遵循合法、正当、必要的原则。第九条规定，未经用户同意不得收集、使用其个人信息。信息收集中的知情同意原则已经形成共识，其他国家也出台了一些相关的法律。2013年经济发展与合作组织（OECD）修订了《隐私保护与个人数据跨境

[①] 范海潮、顾理平：《探寻平衡之道：隐私保护中知情同意原则的实践困境与修正》，载《新闻与传播研究》，2021年，第2期。

[②] 王利明：《数据共享与个人信息保护》，载《现代法学》，2019年，第1期。

[③] 宋烁：《论政府数据开放中个人信息保护的制度建构》，载《行政法学研究》，2021年，第6期。

流动的准则》，并在基本原则中提到，个人数据的收集应该设定一些限制条件，在合法、公平的方式下收集个人数据，并在适当条件下，应该保证数据主体知情或同意。[①]2016年颁布的欧盟《通用数据保护条例》对知情同意原则进行了详细的规定，将"同意"作为处理个人数据的六项法律依据之一，并提出了同意的法律框架、有效同意的要件、儿童的同意规则等。《通用数据保护条例》要求机构在收集用户个人信息前，告知用户信息的处理情况，网络中通常表现为发布隐私政策，用户在阅读声明后做出同意的意思表示，作为机构对个人信息收集及利用的合法授权。《俄罗斯联邦个人信息法》第5条规定：个人信息处理的目的应与提前确定和在个人信息收集时所声明的目的一致，不应超出操作者的职权范围；第6条规定：个人信息处理可以由操作者在得到个人信息主体同意的前提下进行。美国的《儿童网络隐私保护法》是一部出现时间较早、具有相当影响力的法律，其中规定了网络运营者对儿童监护人的告知义务，在收集儿童信息之前要经过儿童的监护人同意。

在实际的数据采集中，知情同意原则难以真正落实。技术层面，智媒时代的自动化数据采集技术，自动地将与用户有关的数据与用户本人相连接，将用户特征与商品相连接，而且这种连接往往是在用户不知情的情况下，除了在隐私政策中告知外，在具体的商品使用中，难以做到在每一次的信息采集与匹配前告知用户。企业层面，在知情同意的告知环节，企业未能准确告知隐私风险。隐私政策由互联网服务企业设计使用，大部门隐私政策内容缺乏可读性和准确性，用户读

---

① 《〈隐私保护欲个人数据跨境流动准则〉精要》，http://www.pkulaw.cn/fulltext_form.aspx?Gid=335652764.

起来费力，无法明确知晓哪些使用行为会加大隐私风险，个人数据如何流出、怎样流出。隐私政策的呈现方式不太美观，字体较小难以看清，一些隐私政策的页面还存在误导内容。企业的隐私政策仅设置两个选项，同意并使用、不同意并退出，用户对此只能全盘接受或者全盘否定，这种全有全无的告知方式，导致用户难以选择，如果用户不认可隐私政策，那么将无法使用该互联网服务。在这种无奈的情况下，一些用户即使不满意其中的信息采集方式，也不得不同意隐私政策，以让渡隐私权的方式换取对服务的使用。法律层面，国内外关于信息采集的法律条文的叙述比较笼统，未能明确法律的适用范围和方式，个人对数据的控制难以真正实现。

智媒用户具备一定的媒介素养和隐私管理能力，对某一情境中媒介使用的隐私风险也有自己的判断。在已知个性化服务可能携带隐私风险的情况下，用户并未拒绝这些服务，有一个重要的原因是，用户对智媒服务提供者的数据收集、数据处理行为知之甚少，甚至不知情。用户以为自己被收集的个人数据远远少于智媒服务提供者实际收集的数据。智媒服务提供者对用户数据的处理、利用，以及由此带来的隐私风险更是用户难以知晓的。换句话说，虽然频频发生的隐私泄露事件警醒着智媒用户，提高了用户的隐私关注程度，但是用户并不清楚网络数据采集中是否会泄露隐私，以及如何泄露隐私。隐私政策的目的是使用户在充分知情的前提下，同意智媒平台对用户信息的采集和处理，从而维护用户的信息自决权。隐私政策在降低用户的隐私忧虑、提高用户信任水平等方面发挥了更大的作用。而在实际情况中，隐私政策在规范隐私信息处理方面所发挥的作用有待提高。根据隐私计算理论，信息披露是用户权衡风险与收益后所做出的决定，当披露信息的收益大于风险时，用户倾向于披露信息，隐私计算理论认为信息披露是用户做出的理性决策。①隐私政策影响了用户的风险感知，为用户营造了一个较为安全的信息分享情境，尤其是当用户对智媒平台的数据采集与处理行为认知不足时，隐私政策为用户带来的安全感会促使用户忽略披露信息的潜在风险，在智媒平台中披露更多信息。

隐私是指人们不愿向他人公开的私人信息、私人生活状态和私人空间。人们对隐私的界定并非一成不变，而是与时空情境、个人认知能力等因素相关。在一个场景中人们愿意公开的信息，在另一个场景中人们可能会绝口不提，也可能会降低披露程度。在智媒的使用中，用户的隐私管理方案大多是聚焦于某一特定的应用场景，而难以控制在场景外的隐私信息流动。智媒服务提供者虽然通过隐私政策获取了用户的同意，但是隐私政策对用户信息的获取方式、获取目的、后续处理准则并未进行详细的说明。智媒使用中的场景切换十分便捷，用户所同意的信息披露范围与信息实际的流向难以做到完全一致。智媒平台在收集、处理信息的每一个环节中都应当保证用户的知情与同意，真正发挥知情同意原则的作用，保证用户的信息自决权。2019年知乎上有一篇名为《法学博士生维权：我为什么起诉抖音、多闪侵犯我的隐私权？》的帖子引发热议。该帖子的作者凌博士表示，他在手机通讯录中并无联系人的情况下，注册登录抖音账号，却被抖音精准推送了许多好友，其中包括多年未见的朋友。抖音App的《隐私政策》中提到，不会向第三方共享、转让用户的个人信息，也不会从第三方获取用户的个人信息，除非经过用户的同意。凌博士怀疑抖音非

---

① 朱侯、王可、严芷君、吴江：《基于隐私计算理论的SNS用户隐私悖论现象研究》，载《情报杂志》，2017年，第2期。

法采集了个人信息，为了保护个人信息和隐私权，凌博士提起诉讼。法院认定，凌某某的姓名、手机号、社会关系、地理位置属于个人信息，抖音App在未征得凌某某同意的情况下，对凌某某的个人信息进行处理，构成侵权。北京互联网法院判决，抖音App侵害个人信息，承担停止侵害、赔偿损失和赔礼道歉等责任。同时，法院也认定，微播视界公司推荐有限的"可能认识的人"，并未侵扰凌某某的生活安宁，不存在侵害其隐私权的行为。

二、数据安全原则

在个人数据的收集、处理和利用的过程中，应当遵循数据安全原则。数据安全原则是指规范数据的开发与利用过程，既要保证数据的质量安全，又要保证数据收集、处理和利用中的流程安全与技术安全。《中华人民共和国数据安全法》中第三条给出了数据安全的定义，是指通过采取必要措施，确保数据处于有效保护和合法利用的状态，以及具备保障持续安全状态的能力。要保证数据处理的全过程安全，数据处理，包括数据的收集、存储、使用、加工、传输、提供、公开等。① 《中华人民共和国个人信息保护法》规定："任何组织、个人不得非法收集、使用、加工、传输他人个人信息，不得非法买卖、提供或者公开他人个人信息；不得从事危害国家安全、公共利益的个人信息处理活动。""个人信息处理者不得以个人不同意处理其个人信息或者撤回同意为由，拒绝提供产品或者服务；处理个人信息属于提供产品或者服务所必需的除外。"这些条款表明，用户对其个

———————

① 《（受权发布）中华人民共和国数据安全法》，http://www.xinhuanet.com/2021-06/11/c_1127552204.htm.

人数据拥有处理、更正和撤回的权利。

在个人数据保护中，知情同意原则和匿名化技术处理的方式发挥了重要的作用，但是在智媒时代，现有保护隐私的方式效果有限。很多互联网平台被发现对个人数据进行了二次使用，甚至是数次使用。针对个人数据二次使用的情况，知情同意原则难以发挥其应有的作用。虽然很多互联网平台对个人数据隐匿化处理和使用，但是由于用户在网络上贡献了大量数据，而这些数据可能会被整合为一个具有识别能力的数据链，因此匿名化技术在很多情况中是失效的。

仅在2021年1月期间，国内外就发生了多起重大数据泄露案件。在国内，镇江丹阳警方成功侦破一起公安部督办的侵犯公民个人信息案，涉及10多个省市，抓获犯罪嫌疑人30名。该团伙采用境外聊天工具和区块链虚拟货币收付款，共贩卖个人信息6亿余条，违法所得800余万元。在巴西，一个数据库发生了重大泄密事件，数百万人的CPF号码及其他机密信息可能遭到了泄露。泄露的数据包含有1.04亿辆汽车和约4000万家公司的详细信息，受影响的人员数量可能有2.2亿。黑客的攻击也导致了数据泄露问题，Nitro PDF用户数据库大规模泄露。黑客免费公开泄露包含超过7700万条Nitro PDF用户记录数据库。包含超过7700万条Nitro PDF用户记录（电子邮件地址、用户名和密码）数据库被盗。此外，日产公司近20GB源代码遭到泄露。日产北美公司一台Bitbucket Git服务器的信息在Telegram频道和黑客论坛上开始传播，该服务器是存有日产北美公司开发和正在使用的移动应用程序和内部工具的源代码，目前已在线泄露。[1]

数据安全原则的意义，不仅在于维护了个人数据的安全，保护了

---

[1] 《回顾2021年上半年国内外重大数据泄露事件》，https://new.qq.com/omn/20210604/20210604A03UIZ00.html.

公民的隐私权利，更在于这个原则能够促进智媒用户与智媒平台之间形成良性的互动，共同推动数据产业的发展。用户的隐私披露意愿受到环境的影响，当用户感知到智媒平台正在保护自己的个人数据时，用户对平台的信任度提升，这影响了用户的隐私披露意愿。一方面用户倾向于披露更多的信息；另一方面，由于安全感的提升，用户的信息披露会更有质量。在这种情况下，用户披露信息的真实性提高。对智媒平台来说，有质量的用户数据是智媒平台建立和完善用户数据库的基础，有研究者提出："个人数据的质量直接影响着数据处理结果的真实性与可靠性，进而直接影响着数据库的价值。如果个人数据的质量无法得到保证，为了能够确保数据的可靠性以供决策，个人数据处理者就势必要对数据库中的个人数据进行额外的分析处理，尽可能地洗练出质量达到要求的个人数据，这在时间以及金钱上都需要付出很大的成本。"[①]从长远来看，数据安全原则能够降低处理数据的成本，推动数据产业的健康发展。2020年9月8日中国在"抓住数字机遇，共谋合作发展"国际研讨会上提出《全球数据安全倡议》。倡议的主要内容包括：积极维护全球供应链的开放、安全和稳定；反对利用信息技术破坏他国关键基础设施或窃取重要数据；采取措施防范制止利用信息技术侵害个人信息，反对滥用信息技术从事针对他国的大规模监控；要求企业尊重当地法律，不得强制要求本国企业将境外数据存储在境内；未经他国允许不得直接向企业或个人调取境外数据；企业不得在产品和服务中设置后门。[②]数据保护成为全球共识，在数据的收集、处理和利用等各个环节中，都应当遵循数据安全原则。

① 王磊：《个人数据商业化利用法律问题研究》，中央财经大学，2019年。
② 《中方提出〈全球数据安全倡议〉应对风险三原则》，https://m.gmw.cn/baijia/2020-09/09/1301541762.html

参考文献

一、专著

[1] [德]恩格斯，于光远等译.自然辩证法[M].北京：人民出版社，1984.

[2] [德]费尔巴哈，荣振华、王太庆、刘磊译.费尔巴哈哲学著作选集（下卷）[M].北京：商务印书馆，1984.

[3] [德]弗里德里希·恩格斯、卡尔·马克思.马克思恩格斯选集（第一卷）[M].北京：人民出版社，2012.

[4] [德]弗里德里希·恩格斯、卡尔·马克思.马克思恩格斯选集（第三卷）[M].北京：人民出版社，1994.

[5] [德]盖奥尔格·西美尔，林荣远译.社会是如何可能的[M].桂林：广西师范大学出版社，2002.

[6] [德]盖奥尔格·西美尔，林荣远译.社会学——关于社会化形式的研究[M].北京：华夏出版社，2002.

[7] [德]舍勒，林克译.舍勒选集（上）.上海：上海三联书店，1999.

[8] 邓建国.强大的弱连接[M].上海：复旦大学出版社，2012.

[9] [法]鲍德里亚，刘成富、全志钢译.消费社会[M].南京：南京大学出版社，2014.

[10] [法]古斯塔夫·勒庞，冯克利译.乌合之众[M].北京：中央编译出版社，1998.

[11] [法]塞奇·莫斯科维奇，李继红等译.群氓的时代[M].南京：江苏人民出版社，2003.

[12] 费孝通.乡土中国 生育制度[M].北京：北京大学出版社，1998.

[13] 顾明毅.中国网民社交媒体传播需求研究[M].北京：世界图书出版公司，2014.

[14] 何兆武.历史理性批判论集[M].北京：清华大学出版社，2001.

[15] 侯玉波.社会心理学（第二版）[M].北京：北京大学出版社，2007.

[16] 胡春阳.人际传播学[M].北京：北京师范大学出版社，2016.

[17] 黄光国、胡先缙等.中国人的权力游戏[M].北京：中国人民大学出版，2004.

[18] 黄克剑.人韵——一种对马克思的解读[M].北京：东方出版社，1996.

[19] [加]戈夫曼，冯钢译.日常生活中的自我呈现[M].北京：北京大学出版社，2008.

[20] [加]霍尔·涅兹维奇，黄玉华译.我爱偷窥：为何我们爱上自我暴露和窥视他人[M].北京：世界图书出版社，2015.

[21] [加]斯特莱登，魏薇译.强关系[M].北京：中国人民大学出版社，2012.

[22] 金炳华.哲学大辞典[M].上海：上海辞书出版社，2001.

[23] 林聚任.社会网络分析：理论、方法与应用[M].北京：北京师范大学出版社，2009.

[24] 刘金瑞.个人信息与权利配置——个人信息自决权的反思和出路

[M].北京：法律出版社，2017.

[25] 梅绍祖.电子商务法律规范[M].北京：清华大学出版社，2000.

[26] [美]阿丽塔·L.艾伦、理查德·C.托克音顿，冯建妹等编译.美
国隐私法：学说、判例与立法[M].北京：中国民主法制出版社，
2004.

[27] [美]奥弗贝克.媒介法原理[M].北京：北京大学出版社，2011.

[28] [美]大卫·柯克帕特里克，沈路、梁军、崔铮等译.Facebook效应
[M].北京：华文出版社，2011.

[29] [美]戴维·迈尔斯，侯玉波等译. 社会心理学[M].北京：人民邮电
出版社，2006.

[30] [美]邓肯·J.瓦茨，陈禹等译.六度分割——一个相互连接的时代
的科学[M].北京：中国人民大学出版社，2011.

[31] 兰德尔·柯林斯著，林聚任等译.互动仪式链[M].北京：商务印书
馆，2012.

[32] [美]林南，张磊译.社会资本：关于社会结构与行动的理论[M].上
海：上海人民出版社，2005.

[33] [美]罗纳德·伯特，任敏等译.结构洞——竞争的社会结构[M].上
海：格致出版社，2008.

[34] [美]凯文·凯利.技术元素[M].北京：电子工业出版社，2012.

[35] [美]马克·罗滕伯格、茱莉亚·霍维兹、杰拉米·斯科特，苗淼译.
无处安放的互联网隐私[M].北京：中国人民大学出版社，2017.

[36] [美]曼纽尔·卡斯特.网络社会的崛起[M].北京：社会科学文献出
版社，2007.

[37] [美]米科拉伊·扬·皮斯科尔斯基，宋瑞琴、张温卓玛译.互联网

社交新思维[M].北京：中信出版集团，2015.

[38] [美]尼古拉斯·克里斯塔基斯、詹姆斯·富勒.大连接：社会网络是如何形成的以及对人类现实行为的影响[M].北京：中国人民大学出版社，2012.

[39] [美]乔纳森·特纳.社会学理论的结构（下）[M].北京：华夏出版社，2001.

[40] [美]唐·R.彭伯.大众传媒法[M].北京：中国人民大学出版社，2005.

[41] [美]特蕾莎·M.佩顿、西奥多·克莱普尔，郑淑红译.大数据时代的隐私[M].上海：上海科学技术出版社，2007.

[42] [美]雪莉·特克尔，周逵、刘菁荆译.群体性孤独[M].杭州：浙江人民出版社，2014.

[43] [美]约书亚·梅罗维茨.消失的地域：电子媒介对社会行为的影响[M].北京：清华大学出版社，2002.

[44] 牛静.社交媒体使用行为研究：互动、表达与表露[M].北京：社会科学文献出版社，2019.

[45] [日]池田大作，铭九、庞春兰等译.我的人学[M].北京：北京大学出版社，1997.

[46] 佟柔.中国民法[M].北京：法律出版社，1990.

[47] 王朝庄编著.心理学基础[M].郑州：河南科学技术出版社，2005.

[48] 王利明、杨立新主编.人格权与新闻侵权[M].北京：中国方正出版社，1995.

[49] 王利明.人格权法新论[M].长春：吉林人民出版社，1996.

[50] [希]亚里士多德.政治学[M].北京：中国人民大学出版社，2003.

[51] 夏德元.电子媒介人的崛起——社会的媒介化及人与媒介关系的嬗变[M].上海：复旦大学出版社，2011.

[52] 徐祥运、刘杰.社会学概论[M].大连：东北财经大学出版社，2015.

[53] 许小可.社交网络上的计算传播学[M].北京：高等教育出版社，2015.

[54] 杨立新.人身权法论[M].北京：人民法院出版社，2002.

[55] [英]安东尼·吉登斯，胡宗泽等译.民族、国家与暴力[M].北京：三联书店，1998.

[56] [英]安东尼·吉登斯，田禾译.现代性的后果[M].南京：译林出版社，2000.

[57] [英]大卫·文森特，梁余音译.隐私简史[M].北京：中信出版社，2020.

[58] [英]史蒂文·卢克斯，阎克文译.个人主义[M].南京：江苏人民出版社，2001.

[59] 张民安.无形人格侵权责任研究[M].北京：北京大学出版社，2012.

[60] 张新宝.隐私权的法律保护[M].北京：群众出版社，2004.

[61] 翟学伟.关系与中国社会[M].北京：中国社会科学出版社，2012.

[62] 翟学伟.中国人的脸面观——形式主义的心理动因与社会表征[M].北京：北京大学出版社，2011.

[63] 郑全全、俞国良.人际关系心理学[M].北京：人民教育出版社，2011.

[64] 郑永年.技术赋权：中国的互联网、国家和社会[M].北京：东方出版社，2014.

二、期刊论文

[1] 岑延远.解释水平视角下的乐观偏差效应[J].心理科学，2016（3）.

[2] 陈昶屹.被遗忘权——欧美国家利益暗战利器[J].法律与生活，2014（13）.

[3] 陈俊熹.公共场所中隐私权保护的探究[J].法制博览，2019（11）.

[4] 陈莉.全景监狱模式下的算法推送——以今日头条为例[J].新媒体研究，2018（7）.

[5] 陈瑞君、秦启文.乐观偏差研究概况[J].心理科学进展，2010（11）.

[6] 陈薇.博客现象在新时代下的传播意义[J].科技传播，2009（2）.

[7] 陈晓明.挪用、反抗与重构——当代文学与消费社会的审美关联[J].文艺评论，2002（3）.

[8] 陈新汉.自我评价活动和自我意识的自觉[J].上海大学学报（社会科学版），2006（9）.

[9] 程维.重庆将在辖区内安装50万个摄像头[N].第一财经日报，2010-11-23.

[10] 储陈城.大数据时代个人信息保护与利用的刑法立场转换——基于比较法视野的考察[J].中国刑事法杂志，2019（5）.

[11] 刁胜先.论网络隐私权之隐私范围[J].西南民族大学学报（人文社科版），2004（2）.

[12] 董广安、吕冰汝.物联网技术的传播应用及其伦理挑战[J].现代传播（中国传媒大学学报），2017（9）.

[13] 范为.大数据时代个人信息保护的路径重构[J].环球法律评论，2016（5）.

[14] 傅强、刘宇航.公共场所隐私权法律保护研究——以公共场所摄像头的管理为视角[J].北京科技大学学报（社会科学版），2011（4）.

[15] 顾理平、杨苗.个人隐私数据"二次使用"中的边界[J].新闻与传播研究，2016（9）.

[16] 顾理平、王飔濛.社会治理与公民隐私权的冲突——从超级全景监狱理论看公共视频监控[J].现代传播，2017（6）.

[17] 顾理平.整合型隐私：大数据时代隐私的新类型[J].南京社会科学，2020（4）.

[18] 胡颖、顾理平.我国网络隐私权的立法保护研究[J].新闻大学，2016（2）.

[19] 华劼.网络时代的隐私权——兼论美国和欧盟网络隐私权保护规则及其对我国的启示[J].河北法学，2008（6）.

[20] 居然.数字时代隐私和监控的双重困境：组织传播在Web2.0时代下的思考[J].浙江大学学报（人文社会科学版），2015（5）.

[21] 李纲、王丹丹.社交网站用户个人信息披露意愿影响因素研究——以新浪微博为例[J].情报资料工作，2015（1）.

[22] 李梦楠、贾振全.社会网络理论的发展及研究进展述评[J].中国管理信息化，2014（3）.

[23] 李延舜.个人信息权保护的法经济学分析及其限制[J].法学论坛，2015（3）.

[24] 李震山.从公共场所或公众得出入之场所普设监视录影器论个人资料之保护[J].东吴大学法律学报，2004（2）.

[25] 李志超、罗家德.中国人的社会行为与关系网络特质——一个社会网的观点[J].社会科学战线，2010（1）.

[26] 林升梁.消费社会的身份认同与价值重建[J].新闻大学，2013（1）.

[27] 刘可静.欧美保障科学数据共享法制探索[J].科技与法律，2006（3）.

[28] 刘左元、李林英.新媒体打破了以往社会分层的对话机制和模式
[J].新闻记者，2012（4）.

[29] 孟小峰、张啸剑.大数据隐私管理[J].计算机研究与发展，2015（2）.

[30] 孟小峰、慈祥.大数据管理：概念、技术与挑战[J].计算机研究与
发展，2013（1）.

[31] 倪庆军、印晓新.数据仓库中的数据质量和数据安全问题[J].科技
信息，2007（17）.

[32] 彭湘蓉.隐私悖论视角下的社交网络隐私安全[J].中州学刊，
2016（3）.

[33] 齐爱民.论个人资料[J].法学，2003（8）.

[34] 邵国松、黄琪.人工智能中的隐私保护问题[J].现代传播（中国传
媒大学学报），2017（12）.

[35] 孙国祥.试论自然人隐私权的法律保护[J].法律实践，1987（2）.

[36] 唐健飞.国际人权公约：人权价值和制度的普适化[J].国际关系学
院学报，2007（4）.

[37] 唐义、张晓蒙、郑燃.国际科学数据共享政策法规体系：Linked
Science制度基础[J].图书情报知识，2013（3）.

[38] 陶乾.论数字时代的被遗忘权——请求享有"清白历史"的权利[J].
现代传播，2015（6）.

[39] 王俊秀.数字社会中的隐私重塑——以"人脸识别"为例[J].探索与
争鸣，2020（2）.

[40] 王立志.英国刑法对隐私权的保护及其评析[J].新疆财经大学学

报，2009（4）.

[41] 王利明.人格权法的发展与完善——以人格尊严的保护为视角[J].
法律科学（西北政法大学学报），2012（4）.

[42] 王利明.数据共享与个人信息保护[J].现代法学，2019（1）.

[43] 王利明.隐私权概念的再界定[J].法学家，2012（1）.

[44] 王秦.社交网络时代个人信息传播与"隐私悖论"[J].中国报业，
2014（10）.

[45] 王泽鉴.人格权的具体化及其保护范围·隐私权篇（上）[J].比较
法研究，2008（6）.

[46] 邬春阳.全国公安科技信息化工作回眸[N].人民公安报，
2017-6-22.

[47] 吴飞.名词定义试拟：被遗忘权（Right to Be Forgotten）[J].新闻与
传播研究，2014（7）.

[48] 徐翔.社交媒体传播中的"影响力圈层"效应——基于媒体样本的
实证挖掘与分析[J].同济大学学报（社会科学版），2017（6）.

[49] 许彤彤、邓建国."量化自我"潮流中的技术与身体之同构关系研
究——以运动应用程序Keep为例[J].新闻与写作，2021（5）.

[50] 杨国枢.中国人的社会取向：社会互动的观点[J].中国社会心理学
评论，2005（1）.

[51] 杨立新、韩煦.被遗忘权的中国本土化及法律适用[J].法律适用，
2015（2）.

[52] 杨立新.人身自由与人格尊严：从公权利到私权利的转变[J].现代
法学，2018（3）.

[53] 易明灯.北京公共摄像头达40万个，覆盖主要道路商场银行[N].北

京日报，2010-4-22.

[54] 尹田.自然人具体人格权的法律探讨[J].河南省政法管理干部学院学报，2004（3）.

[55] 岳林.论隐私的社会生成机制——以习俗和法律关系为视角[J].学术月刊，2019（6）.

[56] 张铤、程乐.大数据背景下公民隐私保护的困境及其对策[J].中州学刊，2021（2）.

[57] 张建文.被遗忘权的场域思考及与隐私权、个人信息权的关系[J].重庆邮电大学学报（社会科学版），2017（1）.

[58] 张敏、马民虎.欧盟数据保护立法改革之发展趋势分析[J].网络与信息安全学报，2016（2）.

[59] 张任之.舍勒的羞感现象学[J].南京大学学报（哲学·人文科学·社会科学），2007（3）.

[60] 张新宝."普遍免费+个别付费"：个人信息保护的一个新思维[J].比较法研究，2018（5）.

[61] 张新宝.从隐私到个人信息：利益再衡量的理论与制度安排[J].中国法学，2015（3）.

[62] 张友好.公共场所安装监视器行为的法学思考[J].法商研究，2007（1）.

[63] 张忠.偷窥：网络时代的群体症候及其分析[J].浙江社会科学，2017（1）.

[64] 赵华明.论网络隐私权的法律保护[J].北京大学学报（哲学社会科学版），2002（S1）.

[65] 郑文明.个人信息保护与数字遗忘权[J].新闻与传播研究，

2014（5）.

[66] 郑远民、李志春.被遗忘权的概念分析[J].长春师范大学学报，2015（1）.

[67] 周汉华.探索激励相容的个人数据治理之道——中国个人信息保护法的立法方向[J].法学研究，2018（2）.

[68] 周学峰.未成年人网络保护制度的域外经验与启示[J].北京航空航天大学学报（社会科学版），2018（4）.

[69] 朱侯、王可、严芷君等.基于隐私计算理论的SNS用户隐私悖论现象研究[J].情报杂志，2017（2）.

[70] 朱天、张诚.概念、形态、影响：当下中国互联网媒介平台上的圈子传播现象解析[J].四川大学学报（哲学社会科学版），2014（6）.

[71] 左艳红.大数据对新闻内容生产的局限[J].编辑之友，2014（8）.

[72] AL AMEEN M, LIU J, KWAK K. Security and Privacy Issues in Wireless Sensor Networks for Healthcare Applications[J]. Journal of Medical Systems, 2012, 36(1): 93–101.

[73] ALTMAN I. Privacy regulation: Culturally universal or culturally specific?[J]. Journal of Social Issues, 1977, 33(3): 66–84.

[74] BAEK Y M, KIM E–M, BAE Y. My privacy is okay, but theirs is endangered: Why comparative optimism matters in online privacy concerns[J]. Computers in Human Behavior, 2014, 31: 48–56.

[75] BARNES S B. A privacy paradox: Social networking in the United States[J]. First Monday, 2006, 11(9).

[76] BéLANGER F, CROSSLER R E. Privacy in the digital age: a review of information privacy research in information systems[J]. MIS

Quarterly, 2011, 35(4): 1017-1042.

[77] BELANGER F, HILLER J S, SMITH W J. Trustworthiness in electronic commerce: the role of privacy, security, and site attributes[J]. The Journal of Strategic Information Systems, 2002, 11(3): 245-270.

[78] BELLMAN S, JOHNSON E J, KOBRIN S J, et al. International Differences in Information Privacy Concerns: A Global Survey of Consumers[J]. The Information Society, 2004, 20(5): 313-324.

[79] BLANK G, BOLSOVER G, DUBOIS E. A New Privacy Paradox: Young People and Privacy on Social Network Sites[C], 2014.

[80] CAMPBELL A J. Relationship marketing in consumer markets: A comparison of managerial and consumer attitudes about information privacy[J]. Journal of Direct Marketing, 1997, 11(3): 44-57.

[81] CHAMBERS J R, WINDSCHITL P D, SULS J. Egocentrism, Event Frequency, and Comparative Optimism: When what Happens Frequently is "More Likely to Happen to Me" [J]. Personality and Social Psychology Bulletin, 2003, 29(11): 1343-1356.

[82] CHEN B, MARCUS J. Students' self-presentation on Facebook: An examination of personality and self-construal factors[J]. Computers in Human Behavior, 2012, 28(6): 2091-2099.

[83] CHEN J, PING W, XU Y, et al. Am I Afraid of My Peers? Understanding the Antecedents of Information Privacy Concerns in the Online Social Context[C], 2009.

[84] CHEN K, REA A I. Protecting Personal Information Online: A Survey

of User Privacy Concerns and Control Techniques[J]. Journal of Computer Information Systems, 2004, 44(4): 85-92.

[85] CHESHIRE C, ANTIN J, CHURCHILL E. Behaviors, adverse events, and dispositions: An empirical study of online discretion and information control[J]. Journal of the American Society for Information Science and Technology, 2010, 61(7): 1487-1501.

[86] CHO H, LEE J-S, CHUNG S. Optimistic bias about online privacy risks: Testing the moderating effects of perceived controllability and prior experience[J]. Computers in Human Behavior, 2010, 26(5): 987-995.

[87] CHOI S S, CHOI M K. Consumer' s privacy concerns and willingness to provide personal information in location-based services[C], 2007.

[88] CHRISTOFIDES E, MUISE A, DESMARAIS S. Information disclosure and control on Facebook: are they two sides of the same coin or two different processes?[J]. Cyber psychology & behavior, 2009, 12(3): 341-345.

[89] CLARKE R. Internet Privacy Concerns Confirm the Case For Intervention[J]. Communications of the ACM, 1999, 42(2): 60-67.

[90] CULNAN M J, ARMSTRONG P K. Information Privacy Concerns, Procedural Fairness, and Impersonal Trust: An Empirical Investigation[J]. Organization Science, 1999, 10(1): 104-115.

[91] DEBATIN B, LOVEJOY J P, HORN A-K, et al. Facebook and Online Privacy: Attitudes, Behaviors, and Unintended Consequences[J]. Journal of Computer-Mediated Communication, 2009, 15(1): 83-108.

[92] DIENLIN T, TREPTE S. Is the privacy paradox a relic of the past? An in-depth analysis of privacy attitudes and privacy behaviors[J]. European Journal of Social Psychology, 2015, 45(3): 285-297.

[93] DINEV T, HART P. An Extended Privacy Calculus Model for E-Commerce Transactions[J]. Information Systems Research, 2006, 17(1): 61-80.

[94] GRANOVETTER M. Coase Encounters and Formal Models: Taking Gibbons Seriously[J]. Administrative Science Quarterly, 1999, 44(1):158-162.

[95] GUO X, ZHANG X, SUN Y. The privacy - personalization paradox in mHealth services acceptance of different age groups[J]. Electronic Commerce Research and Applications, 2016, 16: 55-65.

[96] HOFFMAN D L, NOVAK T P, PERALTA M. Building consumer trust online[J]. Communications of the ACM, 1999, 42(4): 80-85.

[97] IBRAHIM M, NURAIHAN E. Exploring Informational Privacy Perceptions in the Context of Online Social Networks: A Phenomenology Perspective[C], Springer Berlin Heidelberg, 2011.

[98] JIANG Z, HENG C S, CHOI B C F. Research Note—Privacy Concerns and Privacy-Protective Behavior in Synchronous Online Social Interactions[J]. Information Systems Research, 2013, 24(3): 579-595.

[99] KLEIN J T F, HELWEG-LARSEN M. Perceived control and the optimistic bias: Meta-analytic review[J]. Psychology and Healthy, 2002, 17(4): 437-446.

[100] KORZAAN M L, BOSWELL K T. The Influence of Personality

Traits and Information Privacy Concerns on Behavioral Intentions[J]. Journal of Computer Information Systems, 2008, 48(4): 15–24.

[101] KRASNOVA H, VELTRI N F, G ü NTHER O. Self–disclosure and Privacy Calculus on Social Networking Sites: The Role of Culture[J]. Business & Information Systems Engineering, 2012, 4(3): 127–135.

[102] KRUGER J, WINDSCHITL P D, BURRUS J, et. al. The rational side of egocentrism in social comparisons[J]. Journal of Experimental Social Psychology, 2008, 44: 220–232.

[103] LENHART A, MADDEN M. Teens, privacy and online social networks: How teens manage their online identities and personal information in the age of MySpace[C], 2007.

[104] LEVINE D N, CARTER E B, GORMAN E M. Simmel's Influence on American Sociology[J]. American Journal of Sociology, 1976, 81(4).

[105] LINDQVIST J, CRANSHAW J, WIESE J, et al. I'm the mayor of my house: Examining why people use foursquare – A social–driven location sharing application[C], 2011.

[106] MALHOTRA N K, KIM S S, AGARWAL J. Internet Users' Information Privacy Concerns (IUIPC): The Construct, the Scale, and a Causal Model[J]. Information Systems Research, 2004, 15(4): 336–355.

[107] MASON R O. Four ethical issues of the information age[J].MIS Quarterly, 1986, 10(1): 5–12.

[108] MCGEE J, CAVERLEE J, CHENG Z. Location prediction in social media based on tie strength[C], 2013.

[109] MILNE G R, BOZA M-E. Trust and concern in consumers' perceptions of marketing information management practices[J]. Journal of Interactive Marketing, 1999, 13(1): 5-24.

[110] NORBERG P A, HORNE D R, HORNE D A. The Privacy Paradox: Personal Information Disclosure Intentions versus Behaviors[J]. Journal of Consumer Affairs, 2007, 41(1): 100-126.

[111] PARK Y J. Digital Literacy and Privacy Behavior Online[J]. Communication Research, 2011, 40(2): 215-236.

[112] Pew Research. Majority Views NSA Phone Tracking As Acceptable Anti - terror Tactic [N]. Washington Post, June 10, 2013.

[113] SAYRE S, HORNE D. Trading secrets for savings: How concerned are consumers about a privacy threat from club cards?[J]. Advance in Consumer Research, 2000, 27: 151-155.

[114] SCHEFF T J. Shame in Self and Society[J]. Symbolic Interaction, 2003, 26(2).

[115] SCHWARTZ A. Chicago's Video Surveillance Cameras: A Pervasive and Poorly Regulated Threat to Our Privacy[J]. Northwestern Journal of Technology and Intellectual Property, 2013, 11:47.

[116] SEIDMAN G. Self-presentation and belonging on Facebook: How personality influences social media use and motivations[J]. Personality and Individual Differences, 2013, 54(3): 402-407.

[117] SKINNER G, HAN S, CHANG E. An information privacy taxonomy for collaborative environments[J]. Information Management & Computer Security, 2006, 14(4): 382-394.

[118] SMITH H J, MILBERG S J. Information privacy: measuring individuals' concerns about organizational practices[J]. MIS Quarterly, 1996, 20(2): 167-196.

[119] SOLOVE D J. A Taxonomy of Privacy[J]. University of Pennsylvania Law Review, 1996, 154(3): 477.

[120] STEINFELD N. Trading with privacy: the price of personal information[J]. Online Information Review, 2015, 39(7): 923-938.

[121] STONE E F, STONE D L. Privacy in organizations: Theoretical issues, research findings, and protection mechanisms[J]. Research in Personnel and Human Resource Management, 1990, 8(3): 349-411.

[122] SUN Y, WANG N, GUO X, et al. Understanding the acceptance of mobile health services: A comparison and integration of alternative models[J]. Journal of Electronic Commerce Research, 2013, 14: 183.

[123] TAYLOR D G, DAVIS D F, JILLAPALLI R. Privacy concern and online personalization: The moderating effects of information control and compensation[J]. Electronic Commerce Research, 2009, 9(3): 203-223.

[124] WANG H, LEE M K O, WANG C. Consumer privacy concerns about Internet marketing[J]. Communications of the ACM, 1998, 41(3): 63-70.

[125] WEISTEIN N D. Unrealistic optimism about future life events[J]. Journal of Personality and Social Psychology, 1980, 39: 806-820.

[126] WEISTEIN N D. Unrealistic optimism about susceptibility to health problems[J]. Journal of Behavioral Medicine, 1982, 5.

参考文献

[127] WESTIN A F. Privacy and freedom[J]. Washington and Lee Law Review, 1968, 25(1): 166.

[128] WILSON D T, WHEATLEY T, MEYERS J M, et. al. Focalism: A source of durability bias in affective forecasting[J]. Journal of Personality and Social Psychology, 2000, 78(5): 821–836.

[129] WINDSCHITL P D, CONYBEARE D, KRIZAN Z. Direct-comparison judgments: When and why above- and below- average effects reverse[J]. Journal of Experimental Psychology, 2008, 137: 182–200.

[130] WIRTZ J, LWIN M O, WILLIAMS J D. Causes and consequences of consumer online privacy concern[J]. International Journal of Service Industry Management, 2007, 18(4): 326–348.

[131] XENAKIS A B. Washington and CCTV: It's 2010, Not Nineteen Eighty-Four[J]. Case Western Reserve Journal of International Law, 2010, 42(3).

后 记

这是我完成的第一部书稿。经过一年多时间的写作，终于可以将读研以来关于隐私悖论问题的思考集中呈现在大家面前。几年前，我刚走进南京师范大学校园时，还不太了解如何做学术研究，直到有了读书会上的文献阅读、理论教学中的观念分享和论文写作的经历，才萌发了初步的研究意识。刚进校时，导师主持了一个国家社科基金重点项目"大数据时代公民隐私权保护问题研究"，于是，我也开始关注起隐私问题。现代人已经意识到隐私事关人的面子和尊严，也有初步的自我保护意识，所以在媒介使用中会考虑隐私问题。在我读本科期间，微信刚刚开始流行，相较于当时常用的腾讯QQ而言，微信似乎更能保护个人隐私，比如某条朋友圈的评论仅共同好友可见，而当时QQ空间中的评论，则是能够进入该空间的人都可见。这是我第一次感性地意识到媒介使用中的隐私问题。硕士读书期间，身边的朋友常常在微信朋友圈发布生活照片，在微博中大段发布感想，与不熟悉的知乎好友畅聊人生，在豆瓣小组种草化妆品……这些现象引起我思索：在不同媒介的使用中，人们的自我表露为何有如此差异，这促使我关注媒介使用中的隐私悖论现象。这本书的写作耗时一年，过程辛苦而又充实。写作的初衷颇有一些偶然，我的硕士毕业论文主要研究隐私悖论问题，论文完成后，导师认为质量不错，建议我扩充内容、深化研究，并帮我争取到了学院的出版资助。这本书的内容虽然以我的硕士论文为基础，但无论在框架结构还是内容方面，都有了扩宽和深化。之所以在众多隐私问题中，选择"隐私悖论"作为讨论的焦点，是因为我希望把隐私研究最终落到对"人"的关怀上，体现学术研究中的人文关怀意识。当然，我深知自己能力有限，学术研究也刚刚起步，书中观点存在不少稚嫩、粗浅之处，期待借助这本书的出版，得到行家的批评指正。

我的导师顾理平教授是我学术研究中的引路人。他为人正直、治学严谨。这本书的完成，离不开老师的帮助。他帮助我打磨选题和框架，并在书稿完成后认真修改。我刚开始读硕士时，老师就教导我：做研究必须专注，可以将一个长期的规划分为若干个小任务，然后各个击破。在写作这本书的一年里，老师虽然催促过，担心我的博士时间规划受到书稿写作的影响，但是始终很有耐心。老师注重培养学生的问题意识，通过一次次的交流，引领我们从日常生活中发现有价值的问题。除了指导学术之外，老师还会和师母一起带我们饮茶、踏青，使我们在忙碌的科研时间之外也体会到生活的美好。非常幸运能够跟随老师学习读书与做人。正是因为老师的谆谆教导，才能让我顺利地完成书稿。在此真诚地向老师说一声，谢谢您！同时，我还要感谢师母郑老师这些年来对我的关心与帮助！

在我成长的过程中，我的父亲和母亲总是默默支持我，他们很少用言语表达，但他们发自内心的关爱，总是让我心生暖意。在我读小学时，父亲教导我学习应当勤奋，为人应当宽厚，生活应当有诗意。

他对妻子、女儿非常包容，总是但求付出不计回报。中学时我的学业压力较大，家中午饭时间父亲用VCD播放小提琴曲，帮我舒缓紧张的情绪。我最喜欢的一首曲子是《金色的秋天》，优美的旋律和唯美的画面，时至今日我依然记忆犹新。母亲细致地照顾着我的生活，她在我房间里摆放紫罗兰，在家学习时能闻到淡淡的紫罗兰香气。在我读硕士、读博士时身边有各种各样的声音，母亲帮我过滤了反对的声音。她提醒我，生为女性，应该有独立的观念与清晰的规划。周末时，父母常常带我去郊外，有时候去看风景，有时候去放风筝。父亲、母亲给予我宽松的家庭环境，鼓励我追求自己喜欢做的事情，这使我没有后顾之忧。感谢我的父亲、母亲！

初步的学术经历让我意识到，学术研究要坐得冷板凳，但是研究过程中的快乐与满足是在其他事情中难以体会的。本书的写作经历也让我意识到，热点事件可以作为理论研究的起点，但是我们应该与媒介中的"热浪"保持一点距离，以离身，但又不完全离身的状态进行观察，保持"粗糙而锋利"的思考，不忘记对人性的尊重。

生活美好，愿你我保持初心，享受当下，放眼未来。

王飔濛

2022年5月

图书在版编目（CIP）数据

智媒时代的隐私悖论 / 王飚濛著. -- 北京 ：中国广播影视出版社，2022.10（2024.1重印）
　ISBN 978－7－5043－8899－5

　Ⅰ. ①智… Ⅱ. ①王… Ⅲ. ①隐私权－研究 Ⅳ. ①D912.7

中国版本图书馆CIP数据核字（2022）第144558号

智媒时代的隐私悖论

王飚濛　著

责任编辑　王　萱
封面设计　智达设计
版式设计　水日方设计
责任校对　张　哲

出版发行　**中国广播影视出版社**
电　　话　010－86093580　010－86093583
社　　址　北京市西城区真武庙二条9号
邮　　编　100045
网　　址　www.crtp.com.cn
电子信箱　crtp8@sina.com

经　　销　全国各地新华书店
印　　刷　三河市同力彩印有限公司

开　　本　710毫米×1000毫米　　1/16
字　　数　150（千）字
印　　张　13
版　　次　2022年10月第1版　2024年1月第2次印刷

书　　号　ISBN 978－7－5043－8899－5
定　　价　48.00元